독자의 1초를
아껴주는 정성을
만나보세요!

세상이 아무리 바쁘게 돌아가더라도 책까지 아무렇게나 빨리 만들 수는 없습니다.

인스턴트 식품 같은 책보다 오래 익힌 술이나 장맛이 밴 책을 만들고 싶습니다.

땀 흘리며 일하는 당신을 위해 한 권 한 권 마음을 다해 만들겠습니다.

마지막 페이지에서 만날 새로운 당신을 위해 더 나은 길을 준비하겠습니다.

 **길벗 IT 도서 열람 서비스**

도서 일부 또는 전체 콘텐츠를 확인하고 읽어볼 수 있습니다.
길벗만의 차별화된 독자 서비스를 만나보세요.

더북(TheBook) ▶ https://thebook.io

더북은 (주)도서출판 길벗에서 제공하는 IT 도서 열람 서비스입니다.

랭체인으로 LLM 기반의 AI 서비스 개발하기

현직 AI Specialist에게 배우는 RAG! 랭체인, 오픈AI API, 스트림릿으로 8가지 서비스 구현까지

초판 발행 · 2024년 2월 27일
초판 3쇄 발행 · 2024년 8월 26일

지은이 · 서지영
발행인 · 이종원
발행처 · (주)도서출판 길벗
출판사 등록일 · 1990년 12월 24일
주소 · 서울시 마포구 월드컵로 10길 56(서교동)
대표 전화 · 02)332-0931 | **팩스** · 02)323-0586
홈페이지 · www.gilbut.co.kr | **이메일** · gilbut@gilbut.co.kr

기획 및 책임편집 · 이원휘(wh@gilbut.co.kr) | **디자인** · 박상희 | **제작** · 이준호, 손일순, 이진혁
영업마케팅 · 임태호, 전선하, 차명환, 박민영, 지운집, 박성용 | **유통혁신** · 한준희 | **영업관리** · 김명자 | **독자지원** · 윤정아

전산편집 · 박진희 | **출력·인쇄** · 정민 | **제본** · 경문제책

▸ 잘못 만든 책은 구입한 서점에서 바꿔 드립니다.

ISBN 979-11-407-0859-8 93000
(길벗 도서번호 080413)

정가 24,000원

독자의 1초를 아껴주는 정성 길벗출판사

(주)도서출판 길벗 | IT교육서, IT단행본, 경제경영, 교양, 성인어학, 자녀교육, 취미실용 www.gilbut.co.kr
길벗스쿨 | 국어학습, 수학학습, 어린이교양, 주니어 어학학습, 학습단행본 www.gilbutschool.co.kr

페이스북 · www.facebook.com/gbitbook
예제소스 · https://github.com/gilbutITbook/080413

랭체인으로 LLM 기반의 AI 서비스 개발하기

서지영 지음

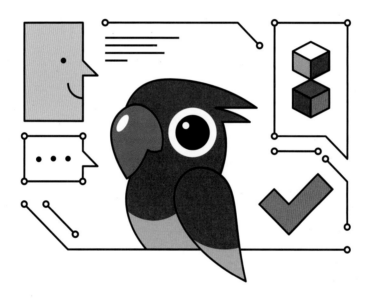

길벗

최근 기업 내부에서 LLM을 통해 챗봇 서비스를 구현하는 프로젝트를 진행하고 있습니다. 랭체인으로 RAG를 구현하여, 좋은 성과를 내고 있습니다. 저희는 새롭게 등장한 개발 프레임워크를 어렵게 공부하면서 시행착오를 겪었는데, 이 책이 나왔네요. LLM을 구현하려는 학생이나 실무에 적용하려는 개발자에게 〈랭체인으로 LLM 기반의 AI서비스 개발하기〉 책은 매우 반가운 단비 같은 책일 것 같습니다.

코드 기반의 실습을 따라하면서 개념을 정립할 수 있고, 실제로 활용 가능하므로 LLM을 처음 시작하는 개발자에게는 매우 큰 도움이 될 것입니다!

주용환 | 신세계아이앤씨 클라우드개발팀

ChatGPT의 등장과 함께 LLM을 기반으로 하는 다양한 서비스들이 봇물 터지듯 출시되고 있습니다.

이 책은 저자의 전문적인 지식과 오랜 실무 경험을 바탕으로 하고 있으며, LLM을 활용해 AI 서비스를 개발하고자 하는 사람들이 쉽고 빠르게 실무에 접근할 수 있도록 상세하게 설명하고 다양한 사례의 풍부한 예제 코드를 제공하고 있습니다.

또한 오랫동안 관련 업무에 종사해 온 전문가는 물론 초보자 분들도 서비스 개발에 필요한 기술을 단계적으로 습득할 수 있도록 체계적으로 구성되어 있습니다.

LLM 도입을 준비 중인 실무자뿐만 아니라 LLM을 학습해 보고자 하는, 다양한 상황에 놓인 많은 분들에게 가장 빠르고 정확한 이정표가 되어 줄 것이라 확신하며 이 책을 추천합니다.

현지은 | 대한민국산업현장교수, 정보관리기술사

저자의 수많은 실무 현장 경험이 책에 고스란히 담겨 있습니다. 생성형 AI , 그리고 그 한계를 극복하기 위해 기업에서 많이 활용되는 RAG 개념을 이해하고, 이를 랭체인으로 구현하기까지! 현장에서 바로 적용하기 위한 Best Practice로 적극 추천합니다!"

최야벳 | **마이크로소프트**

챗GPT가 등장했을 때만 해도 그 인기가 몇 개월 혹은 1년이면 끝날 줄 알았습니다. 알파고가 등장했을 때도 그랬으니까요. 그런데 이번에는 챗GPT를 시작으로 오픈AI, 구글, 메타, 마이크로소프트와 같은 글로벌 기업들이 경쟁적으로 LLM을 발표하고 있습니다. 여기서 뒤쳐지면 마치 미래의 경쟁에서 뒤쳐지기라도 할 것처럼 말이죠.

그래서인지 개인은 물론이고 기업들도 LLM을 이용한 서비스를 만들어보려는 노력을 아끼지 않습니다. 사실 직접 LLM을 만드는 것이 아니라, 만들어진 LLM을 이용하기만 하면 되니 누구나 어렵지 않게 LLM 서비스를 빠르게 만들어볼 수 있습니다.

대상 독자

특히 랭체인이라는 LLM 개발 플랫폼이 등장하면서 LLM을 이용한 서비스 개발이 상당히 쉬워졌습니다. 그럼에도 불구하고 인공지능에 대한 지식이 없거나 개발을 모른다면 자신과 상관없는 이야기라고 생각할 수 있는데요. 그래서 이 책은 다음과 같은 분들을 위해서 만들었습니다.

- 인공지능에 대한 지식은 별로 없지만 LLM을 이용한 서비스를 만들어보고 싶거나,
- 개발은 잘 모르지만 역시 LLM을 이용한 서비스를 만들어보고 싶은 사람

다양한 실습 시나리오

초보자를 위해 작성된 책이므로 실습에 사용되는 코드는 짧고 핵심적인 내용 위주로 담았으며, 또한 시나리오를 다양하게 구성했습니다.

- 'LLM을 이용한 간단한 챗봇' 만들기
- '랭체인과 챗GPT로 RAG 기반의 챗봇' 만들기
- 'PDF를 요약해주는 웹사이트' 만들기

- 'PDF 파일에 대한 독립형 질문을 하는 챗봇' 만들기
- '대화형 챗봇' 만들기
- '번역 서비스' 만들기
- '메일 작성기' 만들기
- 'LLM을 이용해서 CSV 파일 분석'하기

물론 처음 접하면 어려울 수 있겠지만 제시된 코드를 그대로 사용해서 서비스를 만들어보고 조금씩 수정해서 자신만의 서비스를 구현해보기를 권장합니다.

마지막으로 책 쓰면서 받았던 스트레스를 모두 받아주시고 집필에만 집중할 수 있도록 도와주신 어머니, 송금자 여사님께 감사드리며, 독자 입장에서 편하게 책이 읽힐 수 있도록 많은 피드백을 주시고 책을 잘 만들어 주신 이원휘 차장님께도 감사드립니다.

서지영

✔ 예제 코드 및 코랩 코드 내려받기

책에서 사용하는 예제 코드는 길벗출판사 웹사이트에서 도서명으로 검색하여 내려받거나 다음 GitHub 저장소에서 내려받을 수 있습니다.

- **길벗출판사 웹사이트**: https://www.gilbut.co.kr
- **길벗출판사 GitHub**: https://github.com/gilbutITbook/080413

✔ 예제 파일 구조 및 참고 사항

4장과 5장에서 사용하는 예제 파일을 장별로 정리했으며, 실습에 필요한 데이터와 파일을 함께 제공합니다.

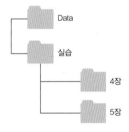

LLM 훑어보기

LLM은 인공지능의 한 분야로, 대규모 데이터로 학습한 결과를 이용해서 인간의 언어를 처리하고, 생성하며, 맥락을 이해하는 데 사용됩니다.

1장에서는 LLM이 무엇이고, LLM을 활용하여 무엇을 할 수 있는지 알아보겠습니다.

▼ **그림 1-1** AI와 LLM

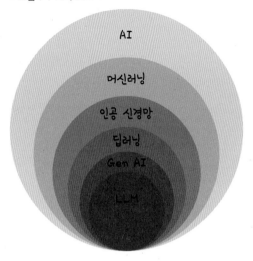

1.1
SECTION
LLM 개념

챗GPT가 세상의 관심을 받게 되면서 심심치 않게 듣게 되는 단어가 'LLM'입니다. 다음 그림에서도 표현되어 있듯이 챗GPT의 등장으로 인공지능, 특히 LLM의 관심이 높아지고 있는데요. 그렇다면 사람들은 LLM을 무엇이라고 생각할까요? 챗GPT를 LLM 자체라고 생각할까요?

▼ **그림 1-2** LLM의 성능과 대중의 관심

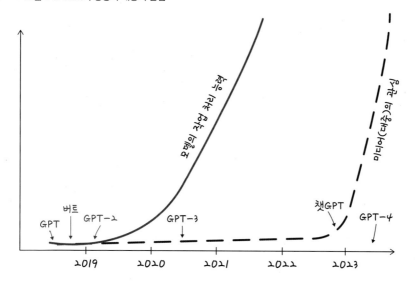

우선은 LLM이 무엇인지부터 살펴봅시다. LLM은 'Large Language Model'의 약자로, 말 그대로 인간의 언어를 처리하는 모델입니다.

그럼 'Large'는 나중에 알아보더라도 'Language Model', 즉 언어 모델이 무엇인지는 당장 살펴봐야 하겠죠?

1.1.1 언어 모델

언어 모델(Language Model)을 간단하게 설명하면, 이제 막 글을 배우는 어린 아이에게 글을 가르치듯이 컴퓨터에게 어떻게 말을 하고 글을 쓰는지 가르치는 것과 같습니다. 언어 모델은 어느 날 갑자기 혜성처럼 등장한 기술이 아니라 수십 년 동안 진화해왔습니다. 컴퓨터가 인간의 언어를 이해하고 생성하는 것이 얼마나 자연스럽고 정확한지에 초점을 맞춰 발전해온 것이죠. 여기에는 몇 가지 변곡점이라고 할 만한 단계가 있습니다.

통계적 언어 모델

초기의 언어 모델은 통계적 방법에 기반했습니다. 통계적 방법은 컴퓨터가 문장이나 단어를 얼마나 자연스럽게 표현할지를 수학적으로 계산하는 방법입니다. 예를 들어 누군가 "나는 오늘 점심에"라는 말을 했을 때, 컴퓨터가 이후 문장을 완성해야 하는 상황을 가정해봅시다. 컴퓨터는 "피자를 먹었다" 혹은 "샐러드를 먹었다"와 같은 문장을 완성할 수 있습니다. 이때 컴퓨터가 피자나 샐러드를 이용해서 문장을 완성한 이유는 과거에 '점심에' 뒤에 '피자'나 '샐러드'가 많이 나왔기 때문입니다. 즉, 확률상 '피자'나 '샐러드'가 많이 나왔기 때문에 이를 이용한 문장을 완성할 수 있는 것입니다.

언어 모델에서 사용하는 확률/통계적 방법으로 'n-gram'이 있습니다. n-gram은 일련의 단어나 문자가 얼마나 자주 함께 나타나는지를 살펴보는 방법입니다. 이때 'n'은 연속적으로 고려되는 단어의 수를 의미합니다.

예를 들어 "The cat sat on the mat"이라는 문장이 있다고 가정해봅시다. 이 문장을 n-gram으로 나눠보겠습니다. n-gram은 몇 개의 단어로 나누는지에 따라 1-gram, 2-gram, 3-gram이라고 합니다.

- **1-gram(유니그램)**: 전체 문장을 각각의 단어로 나눕니다. 따라서 유니그램(unigram)은 'The', 'cat', 'sat', 'on', 'the', 'mat'이 됩니다.

- **2-gram(바이그램)**: 전체 문장을 두 단어씩 나눕니다. 따라서 바이그램(bigram)은 'The cat', 'cat sat', 'sat on', 'on the', 'the mat'이 됩니다. 참고로 단어가 겹쳐야 합니다.

- **3-gram(트라이그램)**: 전체 문장을 세 단어씩 나눕니다. 따라서 트라이그램(trigram)은 'The cat sat', 'cat sat on', 'sat on the', 'on the mat'이 됩니다. 트라이그램 역시 단어가 중복되어 분할됩니다.

▼ **그림 1-3** n-gram 예시

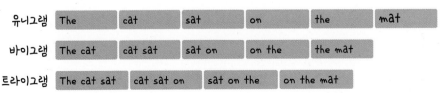

왜 이렇게 번거로운 작업을 하는 걸까요? n-gram은 다음 단어를 예측할 때 앞의 'n-1'개 단어를 고려하기 때문입니다. 예를 들어 바이그램을 사용할 경우, "The cat sat on" 다음에 올 단어를 예측하려면 'sat on' 다음에 자주 등장하는 단어를 찾아볼 것입니다. (물론 단어의 조합이 정의된 데이터베이스가 사전에 필요합니다.) 이때 'mat'이라는 단어가 데이터베이스에서 가장 많이 등장했다면, 모델은 'mat'을 다음 단어로 예측할 것입니다.

이렇게 n-gram 모델은 언어의 통계적 패턴을 학습해서 문장을 이해하고 새로운 문장을 만들어내는 데 도움을 줍니다. 하지만 이 방법은 가능한 모든 n-gram을 데이터베이스에 저장하고 있어야 하므로 데이터베이스를 사전에 만들어두어야 하는 번거로운 작업이 수반됩니다. 또 'n'이 커질수록 문맥을 제대로 이해하지 못하는 경우가 많기 때문에 언어 모델로 활용하기에는 한계가 있습니다. 그래서 등장한 것이 신경망을 이용한 언어 모델입니다.

신경망 언어 모델

머신러닝의 발전과 함께 신경망을 기반으로 하는 언어 모델이 등장했습니다. 인간의 뇌에 있는 신경세포(뉴런)가 서로 연결되어 정보를 처리하는 방식을 본 따서 만들어진 신경망은 데이터에서 복잡한 패턴을 학습해 문제를 해결하는 데 활용됩니다.

예를 들어 '만족', '최고', '추천' 같은 단어는 긍정적인 반응인 반면에 '실망', '나쁨', '비추' 같은 단어는 부정적인 반응을 나타낸다는 패턴을 분석하는 것이 신경망 언어 모델입니다.

신경망은 일반적으로 입력층(Input Layer), 하나 이상의 은닉층(Hidden Layer), 출력층(Output Layer)으로 구성됩니다. 각 계층에는 여러 뉴런(노드)이 있으며, 이들은 서로 연결되어 있습니다. 입력층에서 외부로부터 데이터를 받아들이고, 은닉층에서 데이터를 처리하여 다양한 특성과 패턴을 학습합니다. 마지막으로 출력층에서 최종 결과를 생성합니다.

▼ **그림 1-4** 신경망

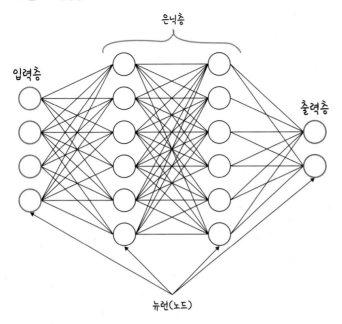

대표적인 신경망 언어 모델에는 다음과 같은 것들이 있습니다.

- **RNN(Recurrent Neural Networks)**: 시퀀스 데이터[1] 처리에 적합하며 과거의 정보가 현재의 결정에 영향을 미칠 수 있습니다. RNN을 이용하면 번역은 물론 주식 가격, 날씨 변화 등 시간에 따라 변화하는 데이터를 분석하여 미래를 예측할 수 있습니다. 하지만 과거의 데이터를 저장하기 위한 공간이 작기 때문에 매우 긴 데이터를 처리하는 데는 한계가 있습니다.

- **LSTM(Long Short-Term Memory Networks)**: RNN의 경우 긴 시퀀스 데이터 처리에 한계가 있다고 했는데, 그 한계를 극복하기 위해 고안된 모델이 LSTM입니다. LSTM은 긴 시퀀스 정보를 기억하고 필요에 따라 이를 삭제하거나 업데이트할 수 있는 메커니즘을 가지고 있습니다.

다음 그림과 같이 RNN은 과거의 정보를 기억하기 위해 메모리라는 것을 가지고 있습니다. 하지만 메모리는 정보를 저장하기 위한 공간에 제약이 있기 때문에 긴 문장을 모두 저

---

1 데이터가 일정한 순서대로 정렬되어 있으며, 그 순서가 중요한 정보를 담고 있는 데이터(예: 주식 시장의 주가 변동, 날씨 변화)

장해둘 수 없습니다. 이러한 한계를 극복하기 위해 LSTM은 장기 기억을 위한 메모리를 하나 더 두었습니다. 그래서 RNN보다 긴 문장을 기억하는 데 좀 더 수월하죠.

▼ **그림 1-5** RNN과 LSTM

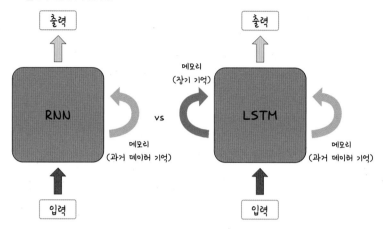

트랜스포머

2017년 구글 브레인(Google Brain)에서 발표한 논문 「Attention Is All You Need」에서 트랜스포머 아키텍처가 도입되면서 언어 모델의 판도가 바뀌었습니다. 이전의 언어 모델은 각 단어(혹은 구절)를 개별적으로 이해하고 처리하는 데 중점을 두었다면 트랜스포머(Transformer)는 문장과 단락 전체를 처리할 수 있었습니다. 트랜스포머를 통해 LLM은 자연어에서 인간의 의도를 심층적이고 맥락에 맞게 이해할 수 있게 되었으며, 이를 통해 콘텐츠 생성, 문장 요약 등 활용 범위가 넓어졌습니다.

트랜스포머를 이용한 대표적인 모델에는 다음과 같은 것들이 있습니다.

- **버트(Bidirectional Encoder Representations from Transformers, BERT)**: 텍스트를 양방향으로 분석하여 맥락을 이해하는 언어 모델입니다. 이때 양방향으로 텍스트를 분석한다는 것은 언어 모델이 단어의 앞뒤 문맥을 모두 고려하여 그 단어의 의미를 이해하는 것을 의미합니다. 지금까지의 언어 모델은 주로 한 방향으로만(예를 들어 왼쪽에서 오른쪽으로) 문맥을 이해하고 다음 단어를 예측했습니다. 그러나 실제 인간의 언어는 전체 문장의 맥락을 통해 이루어지므로, 양방향으로 문맥을 이해하면 좀 더 자연스럽고 정확한 의미를 파악할 수 있겠죠?

The cat sat on the mat

양방향 학습으로 문맥을 심층적으로 이해

- **GPT(Generative Pretrained Transformer)**: GPT는 오픈AI에 의해 개발된, 인간의 언어를 처리하는 강력한 인공지능 언어 모델입니다. 오픈AI는 2018년 처음으로 GPT-1 모델을 발표했고 이후 4년 만인 2022년 챗GPT를 발표했습니다. 그리고 그 다음 해인 2023년에는 높은 정확성(답변의 정확성)을 갖는 GPT-4 모델을 발표했습니다. 이 모든 과정이 5년 동안 이뤄졌으며 현재 GPT 모델은 다른 언어 모델에 비해 자연스러운 텍스트 생성 및 높은 수준의 대화로 각광받고 있습니다.

지금까지 언어 모델에 대해 알아봤습니다. 이제 '언어 모델' 앞에 '거대'를 붙여볼까요?

1.1.2 거대 언어 모델

거대 언어 모델(Large Language Model)은 대규모 데이터로 훈련된, 매우 큰 규모의 인공 지능 기반 언어 모델입니다. 대규모 데이터란 어느 정도의 양을 의미할까요? 오픈AI가 GPT-3 모델을 학습시킬 때, 이 모델은 약 45TB의 텍스트 데이터를 이용하여 학습되었다고 발표했습니다. 그렇다면 45TB는 어느 정도의 양일까요? 45TB의 데이터를 다음과 같이 추측해볼 수 있습니다.

- 고화질 비디오 수천 시간
- 텍스트 페이지 수십억 장
- 고해상도 사진 수백만 장

많은 양의 데이터를 가지고 학습했다고 해서 모두 거대 언어 모델이라고 이름 붙일 수는 없습니다. 모델의 크기도 커야 하는데요. 거대 언어 모델의 크기는 주로 모델이 가지고 있는 파라미터의 수로 측정됩니다.

예를 들어 인간과 유사한 로봇을 하나 만든다고 생각해볼까요? 이 로봇이 걷기 위해서는 몸통과 다리를 어떻게 연결하고, 연결 이음새는 어떻게 움직여야 하는지 정의해야 합니다. 이와 같이 연결 방법이나 움직이는 방법이 언어 모델에서는 파라미터(parameter)에 해당합니다. 여기서는 넓은 의미에서 몸통과 다리를 연결해야 한다고 했지만, 내부적으로 얼마나 많은 회로가 필요하겠어요. 그러니 파라미터 수도 우리가 상상할 수 없을 만큼 많을 것입니다.

오픈AI의 GPT-3는 약 1,750억 개의 파라미터를 가지고 있다고 합니다. 이전 버전인 GPT-2는 약 15억 개의 파라미터를, GPT-1은 더 적은 수의 파라미터를 가지고 있었습니다. 모델이 진화할수록 파라미터 수가 기하급수적으로 증가했고, 이는 모델의 이해력과 텍스트 생성 능력이 크게 향상되었다는 의미이기도 합니다.

▼ **그림 1-7** 모델과 파라미터 수의 관계[2]

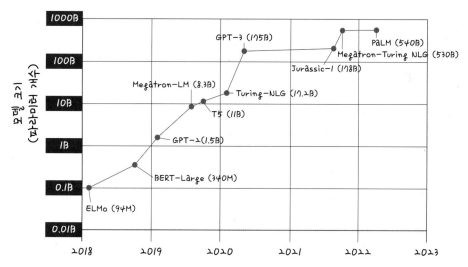

---

2 출처: 2021년 허깅페이스 게시글 https://huggingface.co/blog/large-language-models

1.2 SECTION / LLM 특징과 종류

1.2.1 LLM의 특징

앞에서 배운 개념을 바탕으로 LLM의 주요한 특징을 몇 가지 정리해 보겠습니다.

첫째, LLM은 인터넷의 텍스트, 책, 논문, 기사 등 다양하고 방대한 양의 텍스트 데이터로부터 학습됩니다.

둘째, 언어를 이해하고 생성하는 데 특화되어 있습니다. 언어 모델은 텍스트를 읽고 이해하는 것뿐만 아니라 자연스러운 언어로 질문에 답변하고, 글을 작성하고, 대화를 나누는 등의 생성적 작업도 수행할 수 있습니다.

셋째, 특정 작업을 위해 파인튜닝할 수 있습니다. 파인튜닝이란 챗GPT와 같은 언어 모델을 나(기업)의 데이터로 추가 학습을 시키는 과정으로, 이를 통해 특화된 분야에 더욱 정교하게 사용될 수 있습니다. 파인튜닝에 대해서는 2.1.1에서 더 자세히 설명하겠습니다.

그림 1-8 파인튜닝

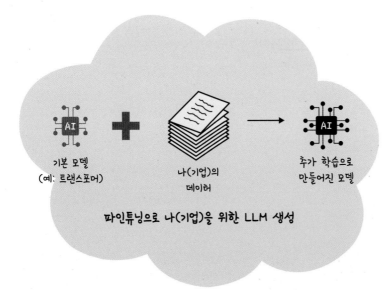

기본 모델
(예: 트랜스포머)

나(기업)의
데이터

추가 학습으로
만들어진 모델

파인튜닝으로 나(기업)을 위한 LLM 생성

넷째, LLM을 훈련하고 운영하는 데는 상당한 컴퓨팅 자원이 필요합니다. 이때 컴퓨팅 자원이란 주로 GPU나 TPU 같은 하드웨어를 말하는데요. GPU(Graphic Processing Unit)는 그래픽 처리를 위한 장치였으나 최근 인공지능 관련해서는 대규모 데이터 학습과 복잡한 수학적 연산을 빠르게 처리하기 위한 용도로 사용됩니다. TPU(Tensor Processing Unit)는 구글이 개발한, 머신러닝 및 딥러닝 작업에 최적화된 하드웨어입니다.

그림 1-9 GPU로 학습

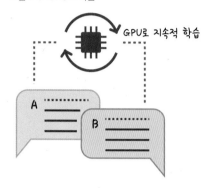

LLM의 대표적인 예로는 오픈AI의 GPT-3.5 Turbo, GPT-4, 구글의 버트, 제미나이(Gemini) 등이 있습니다. 이러한 모델들은 언어 처리 분야에서 획기적인 성과를 달성했으며, 현재도 계속 진화하고 있습니다.

그렇다면 다음에는 LLM의 종류에 대해 좀 더 자세히 살펴보겠습니다.

1.2.2 LLM의 종류

현재 LLM에 대한 사람들의 관심이 높다 보니, LLM을 만들고 서비스로 활용하기 위한 일종의 생태계가 구축되어 있습니다. 생각해보세요. 거대 언어 모델을 만들기 위해서는 방대한 데이터로 학습을 시켜야 하는데 GPU가 없다면 몇 달이 걸려도 끝나지 않을 것입니다.

그래서 LLM 관련해서 다음과 같은 생태계가 구축되어 있는 것입니다. 즉, '내가 잘하는 것에만 집중'하되 시장의 흐름에는 편승하고자 하는 기업이 많다는 의미겠죠?

▼ **그림 1-10** LLM 생태계[3]

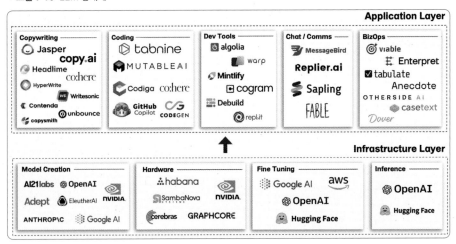

LLM 생태계는 위 그림과 같이 인프라스트럭처 레이어(Infrastructure Layer)와 애플리케이션 레이어(Application Layer)로 구분할 수 있습니다.

먼저 애플리케이션 레이어를 볼까요? 여기는 코드로 구현할 수 있는 프레임워크[4]와 서비스로 활용할 수 있는 BI 툴[5] 제공 회사들이 있습니다.

인프라스트럭처 레이어에는 엔비디아(NVIDIA)를 포함한 하드웨어 회사와 모델을 제공하는 오픈AI, 허깅페이스 등이 있습니다. 그리고 이들이 제공하는 모델을 빠르고 쉽게 구현하기 위한 클라우드 서비스를 제공하는 구글, 마이크로소프트 같은 기업이 있습니다.

집중해야 할 것은 LLM이므로, 우리는 전체 생태계 중에서 인프라스트럭처 레이어의 인터페이스라고 명명되어 있는 곳을 집중적으로 알아볼 것입니다.

▼ **그림 1-11** 인프라스트럭처 레이어의 인터페이스

---

3   출처: https://www.labellerr.com/blog/an-introduction-to-large-language-models-llms
4   애플리케이션을 개발할 때 기본적인 것들을 제공하는 소프트웨어 도구 모음
5   데이터 분석 및 정보 제공을 위한 리포팅 툴

LLM의 변천 모델들을 나열해보면 다음과 같습니다. 최근에 공개한 GPT-4까지 정말 많은 모델이 있네요.

▼ 그림 1-12 LLM 모델 종류[6]

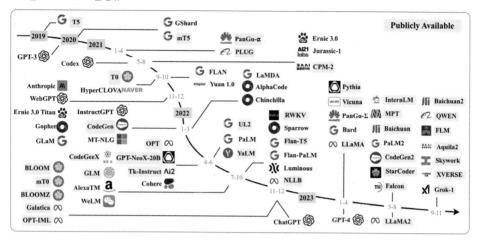

자세히 보면 다양한 기업이 있는 것은 아닙니다. 주로 앞에 나온 오픈AI, 구글, 메타, 허깅페이스 등이 눈에 띄는데요. 모든 모델을 다 알 필요는 없으니, 최근에 발표된 세 가지 정도만 알아보겠습니다.

▼ 그림 1-13 대표 LLM 모델

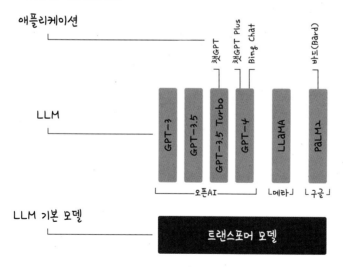

6 출처: 「A Survey of Large Language Models」 논문 참조, https://arxiv.org/pdf/2303.18223.pdf

GPT-4

GPT-4(혹은 GPT-4 Turbo)는 오픈AI가 가장 최근에 발표한 모델입니다(2023년 12월 시점). 무려 1조 5천억 개의 파라미터를 갖는 이 모델은 전례 없는 모델 크기를 자랑합니다. 이 광범위한 파라미터를 통해 GPT-4는 복잡한 언어 패턴을 식별하여 텍스트 생성, 이해 및 일관된 문맥을 제공합니다.

특히 GPT-4부터는 멀티모달(multimodal)을 제공하는데요. 멀티모달은 '여러 가지 방법을 섞어 쓴다'는 뜻입니다. 예를 들어 책을 읽는 것은 '글만 보는' 단일 방법이지만, 유튜브에서 영상을 보면서 설명을 듣는 것은 '보고', '듣는' 두 가지 방법을 같이 쓰는 것이니 멀티모달입니다.

예를 들어 전쟁 중인 가자지구 폐허 현장에 대한 사진을 보여주고 "이 사진으로 전쟁의 위험성에 대한 경고 문구를 작성해줘"라고 명령을 내려보면 다음과 같은 답변을 줍니다.

▼ **그림 1-14** 멀티모달 예시[7]

이 사진으로 전쟁의 위험성에 대한 경고 문구를 작성해줘

ChatGPT
"전쟁의 폐허 속에서 우리는 인간의 삶과 희망이 어떻게 쉽게 산산조각날 수 있는지를 목격합니다. 이 잿빛 풍경은 평화의 중요성을 강조하며, 갈등과 대립의 결과로 나타나는 파괴의 심각성에 대해 우리 모두에게 경각심을 불러일으킵니다. 모든 인간은 평화로운 삶을 살 권리가 있으며, 이러한 권리를 지키기 위한 노력은 결코 멈추어서는 안 됩니다."

---

7 출처: https://m.khan.co.kr/world/mideast-africa/article/202105131620001#c2b

이처럼 GPT-4는 사진, 글, 음성 등 여러 종류의 정보 처리를 제공합니다. 이뿐만 아니라 2023년 12월 6일 구글에서 발표한 제미나이(Gemini) 역시 멀티모달을 제공한다고 합니다.

▼ **그림 1-15** GPT-4의 멀티모달

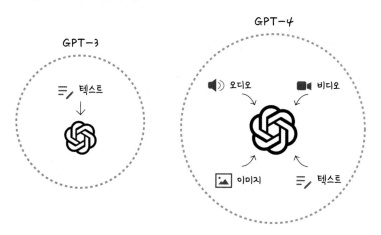

팜2

구글은 2023년 5월 10일 'Google I/O 2023'에서 팜2(Pathways Language Model2, PaLM2)를 공개했습니다. 팜2는 오픈AI의 GPT-4에 맞서기 위해 발표되었기 때문에 두 언어 모델이 제공하는 기능은 일치합니다. 다만, 팜2의 내부 구조(예: 학습 데이터 용량, 모델 크기 등)를 공개하지 않았기 때문에 GPT-4와 정확히 비교하기는 어렵습니다.

하지만 이전 버전(PaLM)에서 제공된 정보로 유추해보건데, 팜2와 GPT-4의 가장 눈에 띄는 차이점은 학습 데이터의 크기입니다. GPT-4가 팜2보다 더 많은 데이터로 학습되었을 것으로 유추할 수 있고, 이에 따라 GPT-4가 더 많은 지식을 보유할 뿐만 아니라 문맥을 포함하여 뉘앙스에 대한 이해 수준도 높다고 볼 수 있습니다. 따라서 4장과 5장에서 진행하는 예제 역시 대부분 오픈AI에서 제공하는 모델을 위주로 사용합니다.

라마2

라마2(LLaMA2)는 페이스북 모회사 메타의 AI 그룹이 개발한 LLM입니다. 라마2 역시 트랜스포머 아키텍처를 기반으로 만들어진 모델입니다.

라마2는 LLM 분야에서 갖는 의미가 남다른데요. 상업적 LLM이 넘쳐나는 세상에 메타는 라마2를 오픈 소스로 공개했습니다. 다음은 메타 CEO인 마크 저커버그가 언급한 내용입니다.

> "소프트웨어가 개방돼 있으면 더 많은 사람이 빠르게 문제를 찾아내고 식별하고 해결할 수 있어 안전과 보안을 향상시킬 수 있다."

바로 이 점이 라마2의 차별화된 강점으로 볼 수 있습니다.

▼ 그림 1-17 오픈 소스로 포지셔닝된 라마2

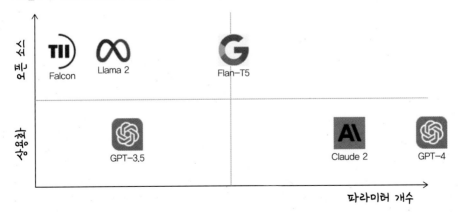

또한, 라마2는 경량 모델도 제공합니다. 파라미터 규모에 따라 세 가지 모델(70억 개, 130억 개, 700억 개)로 제공되기 때문에 필요에 따라 선택해 사용하면 됩니다. 일반적으로 700억 개 이상의 파라미터를 갖는 모델을 거대 언어 모델(Large Language Model, LLM)이라고 하고, 70억 개 수준의 파라미터를 갖는 모델을 소규모 언어 모델(Small Language Model, SLM)이라고 합니다.

계속해서 LLM이 SLM와 어떻게 다른지 살펴보겠습니다.

1.2.3 LLM과 GAI, SLM

LLM이 사람들의 많은 관심을 받게 되면서 유사하게 부르는 단어들이 많은데요. 유사한 단어가 실제로 유사한 의미를 갖는지, LLM과는 어떤 차이가 있는지 지금부터 알아보겠습니다.

LLM vs. GAI

LLM과 같이 자주 언급되는 단어가 생성형 AI(Generative AI, 이하 GAI)입니다. 둘은 동의어일까요? 아니면 상호 보완인 관계일까요? 한번 알아봅시다.

앞서 LLM은 거대 언어 모델이라고 했습니다. 대용량의 텍스트 데이터를 학습함으로 인간의 언어인 자연어를 이해하고 생성하는 작업에 능숙합니다. 오픈AI의 GPT 시리즈(예: GPT-3.5, GPT-4), 구글의 팜2, 제미나이가 이에 해당되죠. 정리하면 LLM은 텍스트를 기반으로 질문에 답하거나, 글을 작성하고, 대화를 진행하는 등 다양한 언어 관련 작업을 하는 데 사용됩니다.

▼ **그림 1-18** LLM과 텍스트

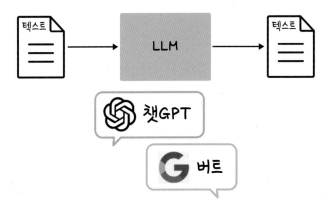

반면 GAI는 입력 데이터를 기반으로 새로운 콘텐츠를 생성하는 인공지능입니다. 여기에는 텍스트, 이미지, 음악, 비디오 등 다양한 형태의 콘텐츠를 생성할 수 있는 모델들이 포함됩니다. 예를 들어 달리(DALL·E)2와 같은 모델은 텍스트 설명을 바탕으로 이미지를 생성할 수 있습니다.

▼ **그림 1-19** 달리로 그린 그림(AI에 위협을 느낀 심슨 가족)

따라서 LLM보다는 GAI가 더 큰 범위의 인공지능이라고 할 수 있습니다.

▼ **그림 1-20** 생성형 AI의 범위

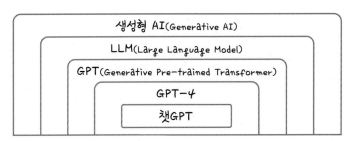

LLM과 GAI의 차이점에 대해 좀 더 구체적으로 살펴볼까요?

LLM은 GAI의 한 형태라고 볼 수 있습니다. 모든 GAI가 LLM을 기반으로 만들어진 것은 아니지만, 모든 LLM은 GAI의 한 형태입니다. GAI는 데이터를 학습하여 텍스트, 이미지, 음악, 비디오 등 다양한 형태의 콘텐츠를 생성하는 인공지능의 한 분야입니다. 따라서 LLM은 GAI의 다양한 범주 중 텍스트 생성에만 집중된 한 부분입니다.

즉, LLM은 텍스트를 전용으로 출력합니다. 물론 이전 버전의 LLM은 입력도 텍스트만 가능했습니다. 오픈AI가 2022년 챗GPT를 처음 출시했을 때만 해도 챗GPT는 텍스트 전용 LLM이었습니다. 그러나 GPT-4, 제미나이부터는 멀티모달이 지원되면서 LLM은 이제 텍스트뿐만 아니라 음성, 이미지 등을 입력으로 받아들일 수 있게 되었습니다. 그 외 차이점은 다음 표를 참조해주세요.

▼ 표 1-1 LLM과 GAI의 비교

구분	GAI	LLM
콘텐츠 생성 범위	텍스트, 이미지, 음성, 코드 등 다양	텍스트에 국한
학습	대규모 데이터에 의존하면서도 이미지, 오디오 등 다양한 데이터 유형을 학습	인터넷, 서적 및 기타 광범위한 텍스트 학습
출력	음악에서 시각적 예술 작품에 이르기까지 광범위한 출력을 생성	사용자의 질문에 일관되고 상황에 맞게 텍스트를 생성
신경망(혹은 모델)	이미지 생성을 위한 GAN(Generative Adversarial Networks) 또는 음악과 같은 순차적 데이터를 위한 RNN(Recurrent Neural Networks)을 포함한 다양한 신경망 사용	텍스트와 같은 순차 데이터에 매우 효과적인 RNN, 트랜스포머 사용
활용 분야	하나의 분야(혹은 산업)에 국한되지 않고 여러 창의적 분야에 사용 가능	언어 관련 작업에 특화

참고로 LLM에서는 질문과 답변을 특별한 용어로 부르는데요. 질문은 프롬프트(prompt), 답변은 컴플리션(completion)이라고 부릅니다. 특히 프롬프트는 사용자가 거대 언어 모델에 정보를 요청하거나 특정 작업을 수행하도록 지시하는 텍스트 메시지입니다. 이 프롬프트는 질문, 명령, 또는 토론 주제 등 다양한 형태로 나타날 수 있으며, 모델은 이를 바탕으로 답변을 생성합니다.

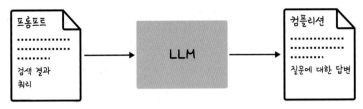

그림 1-21 질문과 답변에 대한 용어

LLM vs. SLM

LLM과 대조되는 이름으로 앞에서 잠깐 언급한 SLM(Small Language Model)이 있습니다. LLM은 매우 큰 신경망 구조와 방대한 데이터로 훈련되어 광범위한 언어 작업을 수행할 수 있는 반면, SLM은 이보다 훨씬 더 제한적인 용도에 적합합니다. 물론 학습으로 사용된 데이터도 훨씬 적고요.

LLM과 SLM의 차이는 주로 모델의 크기, 학습 데이터의 양, 처리 능력, 그리고 사용 사례에 있습니다. LLM은 수십 억에서 수조 개의 파라미터를 갖는 반면, SLM은 상대적으로 적은 수의 파라미터를 가집니다. 파라미터가 무엇인지는 앞에서 설명했는데요. 파라미터 수에서 차이가 있다는 의미는 상대적으로 파라미터가 많은 LLM이 인간의 언어를 더 정확히 이해(예: 문맥의 상호 연관성)하고 텍스트를 생성하는 데 탁월하다는 의미입니다.

또 하나 두드러지는 차이는, LLM은 다양한 언어 작업에 사용될 수 있다는 점입니다. 인간의 언어인 자연어의 이해, 텍스트 생성, 번역, 요약 등 복잡한 작업을 수행할 수 있습니다. 반면에 SLM은 더 단순하거나 특정 분야에 특화된 언어 작업에 적합합니다. 예를 들어 과거의 기후 데이터를 분석하여 미래의 날씨를 예측하는 것과 같이 특화된 서비스에 사용될 수 있습니다. 그 외 차이점은 다음 표를 참조해주세요.

▼ **표 1-2** LLM과 SLM 차이

구분	SLM	LLM
모델 크기	파라미터가 1,500만 개 미만	수천억 개의 파라미터
컴퓨팅	모바일 디바이스에서도 동작	수백 개의 GPU 필요
성능	단순 작업만 동작	복잡한 작업 처리가 가능
배포	배포가 쉬움	배포를 위해 상당한 인프라가 필요 (그래서 대체적으로 클라우드를 사용)
학습	일주일 정도면 학습 가능	몇 달 간의 학습이 필요

1.3

SECTION

LLM 생성 과정

지금까지 LLM의 기본적인 내용을 살펴봤는데요. LLM은 어느 날 갑자기 등장한 기술이 아닙니다. 오픈AI 같은 회사에서 오랜 시간 동안 컴퓨팅 자원과 인력을 투자한 결과물입니다. 그렇다면 어떤 노력을 어떻게 해야 LLM을 만들 수 있는 걸까요? 이 절에서는 LLM의 생성 과정을 살펴보면서 어떤 원리로 동작하는지 알아보겠습니다.

LLM의 생성 과정은 복잡하며 여러 단계를 거쳐 진행됩니다. 대량의 데이터 수집과 처리, 모델 설계와 학습, 최종 모델의 테스트 및 배포가 필요합니다.

1. 데이터 수집 및 준비

2. 모델 설계

3. 모델 학습

4. 평가 및 검증

5. 배포 및 유지 보수

그림 1-22 LLM 생성 과정

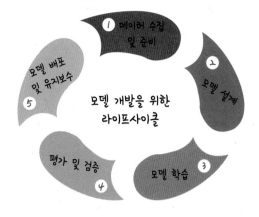

각 단계별로 하나씩 살펴보겠습니다.

① 데이터 수집 및 준비

언어 모델을 학습시키기 위한 첫 단계는 데이터를 수집하고 준비하는 것입니다. 모델이 학습할 수 있는 형태로 데이터를 수집하고 가공하는 일련의 작업이 이루어지는 단계입니다.

그림 1-23 데이터 수집 및 준비

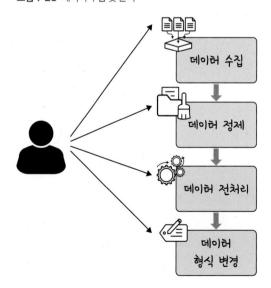

데이터 수집

모델이 언어를 이해하고 생성하는 방식을 학습하려면 양도 많고, 종류도 다양한 텍스트 데이터가 필요합니다. 따라서 데이터 수집 과정은 다음과 같은 단계가 포함합니다.

- **데이터 식별**: 언어 모델이 다양한 언어 패턴을 학습할 수 있도록 다양한 주제와 장르, 스타일이 포함되어야 합니다.
- **데이터 수집**: 수집해야 할 데이터가 식별되었다면, 이제 실제로 데이터를 수집해야 합니다. 데이터는 HTML 페이지, PDF 문서, 텍스트 파일, 데이터베이스 등 다양한 형식으로 존재할 수 있습니다. 또한 데이터를 수집할 때에는 저작권, 개인정보 보호 등 법적인 문제를 고려해서 수집해야 합니다.

데이터 정제

데이터 정제는 데이터의 품질을 결정하는 핵심적인 과정입니다. 데이터 품질이 높아야 LLM이 정확하게 학습할 수 있고, 내놓은 출력 결과를 신뢰할 수 있습니다. 잘못된 데이터로 학습된 모델은 부정확한 예측을 하거나 잘못된 결론을 내릴 위험이 있습니다. 데이터 정제에는 다음과 같은 과정이 포함됩니다.

- **중복 제거**: 수집된 데이터 중 중복되는 내용을 제거합니다.
- **노이즈 제거**: 노이즈는 모델 개발에서 원치 않는 무작위적이고 관련 없는 정보를 말합니다. 따라서 노이즈를 제거한다는 의미는 오타, 잘못된 문장 부호, 비정상적인 문자 등을 정리하는 과정을 의미합니다.

데이터 전처리

데이터 전처리는 데이터를 LLM 학습에 적합한 형태로 만드는 과정입니다. 특히 언어 모델과 같은 자연어 처리 작업은 텍스트 데이터를 다루기 때문에 전처리 과정이 모델 성능에 매우 중요합니다. 이를 위해 다음 과정이 필요합니다.

- **토큰화(tokenization)**: 토큰화는 텍스트를 작은 단위로 나누는 과정입니다. 예를 들어 "Hello, how are you?"라는 문장을 토큰화하면 다음과 같이 분리할 수 있습니다.

→ 'Hello'

→ ','

→ 'how'

→ 'are'

→ 'you'

→ '?'

각 단어와 구두점이 개별 토큰으로 분리되었는데요. 자연어 처리에서는 이런 토큰들을 사용하여 텍스트의 구조를 이해합니다.

- **정규화**: 대소문자 통일, 어간 추출(stemming) 등을 통해 단어의 기본 형태로 변환합니다. 예를 들어 'run', 'runs', 'running'과 같은 단어를 기본 형태인 'run'으로 통일하는 과정을 의미합니다.

데이터 형식 변경

데이터의 형식을 일치시키는 과정입니다. 예를 들어 모든 날짜를 "YYYY-MM-DD" 형태로 바꾸는 거죠. 이렇게 하면 모든 정보의 형식이 일관되어 정보를 찾거나 비교할 때 훨씬 쉬워집니다.

② 모델 설계

LLM에서 모델 설계는 매우 큰 신경망 아키텍처를 구축하는 것을 의미합니다. 가장 먼저 어떤 모델로 학습할지 결정해야 하는데 LLM은 주로 트랜스포머 모델을 기반으로 합니다.

또한 계층 수, 학습률[8], 배치 크기[9] 등과 같은 모델의 학습 과정을 조절할 하이퍼파라미터(hyperparameter)를 설정합니다. 하이퍼파라미터는 학습 과정을 제어하는 데 사용하는 설정 값입니다. 자동차의 속도를 조절하는 것처럼, 학습 과정에서 하이퍼파라미터를 조절하여 모델이 데이터를 얼마나 빨리, 얼마나 오래, 어떤 방식으로 학습할지 결정합니다.

---

8 모델을 학습시킬 때, 얼마나 빠르게 학습을 진행할지를 결정하는 설정 값
9 컴퓨터가 한 번에 처리하는 데이터의 양을 의미합니다. 예를 들어 수천 개의 사진으로 컴퓨터를 학습시키려 할 때, 이 모든 사진을 한 번에 학습시키는 것이 아니라, 작은 묶음(배치)으로 나눠서 순차적으로 학습시킵니다.

③ 모델 학습

설정된 하이퍼파라미터와 모델 아키텍처를 사용해 학습을 합니다. 즉, 모델 학습은 모델이 데이터로부터 패턴을 학습하고, 이를 내부적으로 모델링하여 텍스트를 생성하거나 번역하는 등의 작업을 수행할 수 있도록 하는 과정입니다.

여기서 '모델링'은 모델이 데이터로부터 중요한 특징이나 관계를 학습하고, 이를 수학적 구조로 표현하는 과정을 말합니다. 간단히 말해, 모델링은 주어진 데이터를 기반으로 일반화된 패턴이나 규칙을 만드는 것입니다.

예를 들어 고양이 사진을 인식하는 모델을 학습시킨다고 가정해 봅시다. 모델링 과정에서 모델은 다양한 고양이 사진에서 공통적인 특징들(예: 귀, 눈, 모양 등)을 파악하고 이를 학습하여, 새로운 사진에서도 고양이를 인식할 수 있는 패턴을 내부적으로 만듭니다. 이렇게 만들어진 내부적인 패턴이나 규칙이 '모델링'입니다.

그림 1-24 모델 학습[10]

---

10 출처: https://www.tensorflow.org/tutorials/images/transfer_learning?hl=ko

④ 평가 및 검증

모델 평가 및 검증은 모델이 얼마나 잘 작동하는지를 평가하고 이것을 실제로 서비스했을 때 어느 정도의 성능(예: 답변의 정확도, 답변 속도)을 낼 수 있는지를 확인하는 과정입니다.

모델을 평가하기 위해서는 먼저 데이터가 필요하겠죠? 그래서 수집된 데이터를 다음과 같이 훈련, 검증, 테스트 용도로 나눠야 합니다. 훈련 데이터는 말 그대로 모델을 훈련시킬 때 사용하고 검증과 테스트는 모델의 성능을 평가하기 위한 용도로 사용합니다.

그림 1-25 데이터 분리

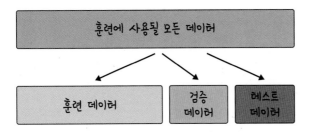

검증 데이터와 테스트 데이터가 헷갈릴 수 있는데요. 검증 데이터는 모델의 하이퍼파라미터를 조정하고 모델의 성능을 중간 평가하는 데 사용됩니다. 반면에 테스트 데이터는 모델의 최종 성능을 평가하는 데 사용됩니다. 모델이 완전히 학습되고 나서 실제로 데이터에 모델을 적용했을 때 어떤 성능을 보일지를 평가하기 위한 용도로 사용합니다.

모델 평가 지표로는 다음과 같은 것들이 있습니다.

- **정확도(accuracy)**: 모델이 얼마나 많은 예측을 정확히 했는지 측정합니다. 이것은 전체적인 성능을 평가할 때 사용됩니다.
- **정밀도(precision)**: 양성으로 예측된 사례 중 실제 양성인 사례의 비율입니다. 예를 들어 스팸 메일을 걸러내되 중요한 메일을 놓치지 않아야 할 때 사용합니다.
- **재현율(recall)**: 실제 양성 사례 중 모델이 양성으로 예측한 사례의 비율입니다. 모델이 실제 양성 사례를 얼마나 잘 찾아내는지를 나타내며, 놓치는 것에 더 민감할 때 사용합니다.

- **F1 점수(F1 score)**: 정밀도와 재현율의 조화 평균을 나타내는 지표입니다.
- **ROC 곡선 및 AUC**: 모델의 성능을 다양한 임계값에서 평가합니다.

모델 평가 결과가 만족스럽지 않다면 모델 구조를 조정하거나 하이퍼파라미터 값을 변경하면서 계속 훈련시켜야 합니다.

⑤ 배포 및 유지보수

모델 배포와 유지보수는 LLM의 마지막 단계입니다. 여기서 모델을 배포한다는 의미는 챗봇과 같은 Q&A 서비스를 사용자가 이용하는 것입니다. 또한, 챗봇 서비스에 문제가 있으면(오류가 발생하면) 수정하는 작업이 유지보수에 해당됩니다.

모델을 개발하는 전반적인 라이프사이클은 다음과 같이 정리할 수 있습니다.

그림 1-26 모델 개발 라이프사이클

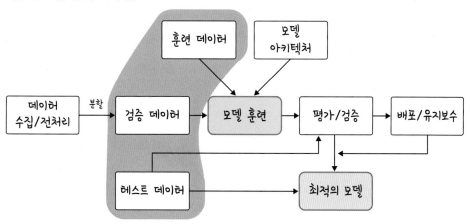

추가로 모델을 개발한 뒤에 고려해야 하는 사항들도 있는데요. 어떤 것들이 있는지 살펴보겠습니다.

1.4 / LLM 생성 후 추가 고려 사항

LLM을 이용한 서비스는 배포만 하면 끝이 아닙니다. 배포 이후가 더 중요합니다. 어떤 것들을 고려해야 하는지 알아봅시다.

윤리적 고려 및 보정

LLM의 윤리적 고려와 보정은 모델이 생성한 결과의 공정성, 편향성, 투명성을 다루는 매우 중요한 과정입니다. 이 과정은 모델이 다양한 사용자와 상황에 미치는 잠재적인 영향을 신중하게 평가하고, 부정적인 결과를 최소화하기 위해 필요합니다.

그래서 등장하는 개념이 책임감 있는 AI입니다. 책임감 있는 AI(Responsible AI)는 인공지능을 설계, 개발, 배포할 때 윤리적, 법적, 사회적 책임을 고려하는 접근 방식을 말합니다. 이 개념은 AI가 인류에 긍정적인 영향을 미치고 부정적인 결과를 최소화하는 데 중점을 두고 있습니다. 책임감 있는 AI의 주요 원칙은 다음과 같습니다.

그림 1-27 책임감 있는 AI의 원칙

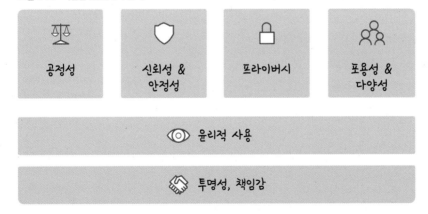

- **공정성(fairness)**: AI는 성별, 인종, 나이 등에 따른 편향 없이 모든 사용자에게 공정하게 서비스를 제공해야 한다.
- **신뢰성(reliability) & 안전성(safety)**: AI는 사용자에게 안전하며 예측 가능한 위험을 관리하고 예방해야 한다.
- **프라이버시(privacy)**: AI는 사용자의 개인정보를 보호하고 데이터 보안을 유지해야 한다.
- **포용성(inclusion) & 다양성(diversity)**: 모든 사람이 차별 없이 참여하고 혜택을 받을 수 있도록 환경을 조성해야 한다.
- **윤리적 사용(ethical use)**: AI는 사회적, 도덕적 기준에 부합하는 방식으로 사용되어야 하며 인간의 존엄성을 존중해야 한다.
- **투명성(transparency)**: AI의 의사 결정 과정이 명확하고 이해 가능해야 하며, 사용자는 AI의 작동 방식과 결정 기준을 알 권리가 있다.
- **책임성(accountability)**: AI의 결정에 대한 책임을 명확히 하여 문제 발생 시 적절한 해결책을 제시할 수 있어야 한다.

이와 같이 책임감 있는 AI는 급속한 기술 발전에 따른 사회적 우려를 해소하고, AI가 사회에 긍정적인 영향을 미치는 데 기여하기 위한 가이드라인을 제공하는 역할을 합니다. 여전히 AI를 부정적인 시각으로 바라보는 사람들이 많은데 책임감 있는 AI가 그들의 시각을 많이 바꿀 수 있지 않을까 기대해봅니다.

지속적 모니터링

LLM은 강력한 언어 모델로서 악의적으로 사용하고자 한다면 얼마든지 그렇게 사용할 수 있습니다. 이럴 경우, 기업은 이미지가 실추되는 것은 물론 법적인 책임도 감수해야 합니다. 따라서 사용자들의 질문과 답변을 지속적으로 검사해야 합니다.

지속적 감시는 두 가지 방법이 있는데, 이 둘을 함께 사용하는 것이 좋습니다.

- AI가 스스로 악의적 문구를 탐지
- 사람이 질문과 답변을 지속적으로 점검

지금까지 LLM이 만들어지는 과정을 살펴봤습니다. 단순히 언어 모델을 만드는 과정만 있는 것이 아니라 만들기 전에 데이터를 수집하고 전처리를 해야 하는 과정이 필요하며, 만든 후에는 서비스로 잘 활용할 수 있도록 윤리적 측면의 고려도 필요합니다. 이렇게 탄생한 것이 현재의 LLM입니다.

LLM을 활용하는 방법에는 여러 가지가 있습니다. 다음 장에서는 나 혹은 우리 기업의 데이터를 LLM과 함께 어떻게 사용하면 좋을지, 그 방법에 대해 설명합니다.

LLM 활용하기

먼저 그나마 좀 익숙한 챗GPT를 떠올려보세요. 우리가 챗GPT를 이용하는 방법은 두 가지가 있습니다.

첫째, 다음 URL처럼 오픈AI가 만들어놓은 챗봇 서비스를 이용하는 방법입니다.

- https://chat.openai.com

둘째, API를 이용하는 방법, 즉 학습이 완료된 모델을 챗봇 같은 서비스에서 API를 가져다가 사용하는 것입니다. API(Application Programming Interface)는 애플리케이션들이 서로 상호작용하는 방법을 정의하는 일련의 규칙이면서 도구입니다. API를 통해 개발자들은 특정 소프트웨어 기능이나 서비스에 접근하고 사용할 수 있습니다. 대부분 LLM은 API를 제공하는데, 우리는 이 API를 이용해서 챗봇 서비스, 번역 서비스 등을 만들 수 있습니다. 4장에서 사용할 예제 역시 API를 이용합니다.

이와 같은 방법으로 기업은 LLM을 이용해 자신의 산업에 특화된 모델을 만들어 업무에 활용할 수 있습니다. 하지만 자체적으로 LLM을 만드는 것이 더 효과적인 방법일까요? 수십, 수백 명의 인력을 채용해 몇 년간 LLM을 만든다고 가정해봅시다. 이걸 어디에 활용할 수 있을까요? 이미 LLM은 특정 몇몇 기업(예: 오픈AI, 구글)의 독점 기술과 같이 되어 있습니다. 상당한 노하우를 가지고 있는 기업들을 제치고 LLM 시장에서 경쟁 우위를 확보할 수 있을까요?

우리는 공개된 LLM을 잘 활용하면 되지 않을까요? 그럼 어떻게 활용하면 되는지 그 방법을 알아보겠습니다.

2.1 LLM 활용 방법

LLM을 활용하는 방법은 크게 파인튜닝과 RAG를 생각할 수 있습니다. 이 두 가지 방법이 어떤 것인지 차근차근 알아보겠습니다.

2.1.1 파인튜닝

파인튜닝(Fine-Tuning)은 기존의 LLM을 특정한 작업이나 상황에 맞게 조금 더 훈련시키는 과정입니다. 쉽게 말해 이미 많은 것을 배운 LLM을 특별한 상황에 더 잘 맞게 '가르치는' 것과 같습니다.

예를 들어 언어를 처리하는 LLM이 이미 많은 책과 글을 읽어서 여러 가지 언어를 이해하는 법을 배웠다고 가정해봅시다. 이제 이 모델을 의학 분야에서 전문적으로 사용하고 싶다면 의학 관련 문서를 추가로 학습시키는데, 이러한 과정을 '파인튜닝'이라고 합니다. 이렇게 하면 이미 배운 기본 지식을 유지하면서 특정 분야에 더 정확하고 효과적으로 대응할 수 있게 되는 것이죠.

▼ 그림 2-1 파인튜닝

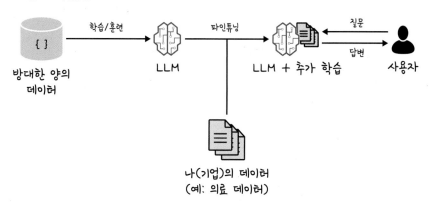

이와 같이 한 분야에서 배운 지식을 다른 분야의 문제 해결에 사용하는 방법을 전이 학습 (Transfer Learning)이라고도 합니다. 다음과 같이 이전 모델에서 학습한 내용이 그대로 다른 작업에도 적용될 수 있도록 정보가 전이되는 형태입니다.

▼ 그림 2-2 전이 학습

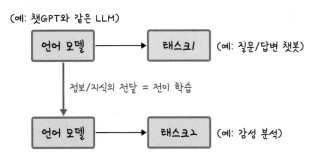

정리하면 전이 학습은 이미 학습된 모델을 새로운 작업에 적용하는 것으로 파인튜닝보다는 좀 더 포괄적인 의미를 갖습니다. 반면 파인튜닝은 전이 학습의 한 형태로 모델을 특정 분야나 작업에 최적화시키기 위해 추가적인 학습을 시키는 과정을 지칭합니다. 그러니 파인튜닝은 전이 학습의 일부로 이해할 수 있습니다.

▼ 그림 2-3 전이 학습과 파인튜닝

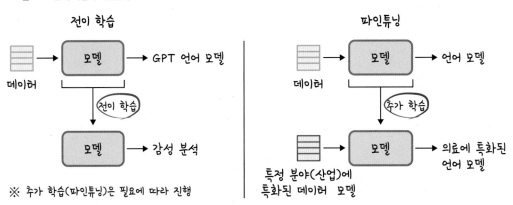

> 참고
>
> 다음 URL에 챗GPT로 파인튜닝하는 방법이 자세히 설명되어 있습니다.
> - https://platform.openai.com/docs/guides/fine-tuning/preparing-your-dataset

이 책에서는 파인튜닝 방법을 자세히 설명하지 않을 예정인데, 그 이유는 다음과 같습니다.

1. 이미 만들어진 LLM에 추가 학습만 진행하면 된다고 하지만 어느 정도의 데이터로 어느 정도의 훈련을 시켜야 기대하는 성능(정확도)을 얻을 수 있을지 누구도 확신할 수 없습니다. 예를 들어 어느 누구도 '1TB의 데이터로 학습을 시키면 기대하는 성능이 나온다'라고 말할 수 없는 것이죠.

2. 학습을 위해 과도한 비용이 발생합니다. LLM은 말 그대로 거대 언어 모델이기 때문에 여기에 추가 학습을 시키기 위해서는 LLM을 만드는 회사뿐만 아니라, 이것을 파인튜닝하겠다는 회사 역시 GPU가 필요합니다. 하지만 이 훈련만을 위해 GPU를 구매할 수 없으니, 클라우드 자원을 활용해야 할 텐데요. 그 비용이 과도하게 높습니다.

3. 데이터 준비가 어렵습니다. 파인튜닝을 위해서는 데이터를 '질문-답변' 세트 형식으로 준비해야 하는데, 기존에 보유된 데이터가 이런 형식으로 정리되어 있지 않은 경우가 대부분입니다. 따라서 파인튜닝을 하고자 할 때에는 누군가가 데이터를 '질문-답변' 세트로 변경해야 합니다. 그런데 생각해보세요. 업무 데이터라면 이것을 IT 직원이 할 수 있을까요? 예를 들어 보험 심사 데이터를 '질문-답변' 세트로 구분을 한다고 가정했을 때, 질문에 대한 답변을 검증할 수 있는 사람은 누구일까요? 바로 심사를 담당하는 사람들 아닐까요? 즉, 질문에 대한 답변 검증은 그 업무를 해본 사람만이 알 수 있습니다. 그러니 이런 데이터를 준비하기 위해서는 IT 인력뿐만 아니라 해당 업무의 전문가도 필요합니다.

그래서 LLM의 경우는 파인튜닝보다 RAG를 더 선호하는 편입니다. RAG에 대해서는 이어서 바로 알아보겠습니다.

2.1.2 RAG

RAG(Retrieval-Augmented Generation)는 자연어 처리 분야에서 사용되는 기술로, 정보 검색과 생성을 결합한 인공지능 모델입니다. RAG는 특히 복잡하고 정보가 필요한 질문에 답변하기 위해 설계되었습니다.

RAG는 크게 두 단계로 구성됩니다. 앞에서도 얘기했던 정보 검색(retrieval) 단계와 텍스트 생성(generation) 단계인데요. 이러한 결합은 모델이 질문에 대해 보다 정확하고 관련성 높은 답변을 생성할 수 있도록 합니다. RAG의 두 가지 동작 과정에 대해 알아봅시다.

정보 검색 단계

❶ **질문**: 사용자로부터 질문이 입력됩니다.

❷ **쿼리(문서 검색)**: 모델은 대규모의 문서 데이터베이스나 콘텐츠 저장소에서 질문과 관련된 문서나 정보를 검색합니다.

❸ **정보 검색 결과**: 검색 결과 중에서 가장 관련성 높은 문서와 사용자의 질문을 결합하여 LLM에 전달합니다.

텍스트 생성 단계

❹ **정보 전달**: 선택된 문서의 내용이 모델에 전달됩니다. 정확히는 사용자의 질문과 정보 검색 결과가 전달됩니다. 이 단계에서 모델은 문서의 정보를 활용하여 질문에 대한 의미를 이해합니다.

❺ **텍스트 생성**: 모델은 이제 전달받은 정보를 바탕으로 질문에 대한 답변을 생성합니다. 이 과정은 LLM에 의해 처리되며, 문서에서 얻은 지식과 모델이 이미 학습한 정보를 결합하여 답변을 만듭니다. 이후 생성된 답변을 사용자에게 제공합니다.

▼ **그림 2-4** RAG 동작 방식

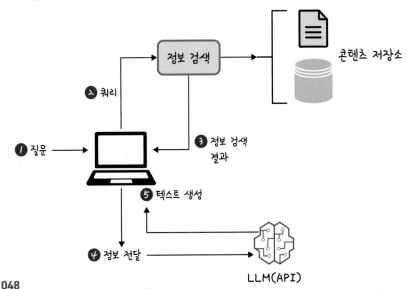

RAG는 3장에서 자세히 다루겠습니다. 여기서는 '정보 검색'과 '텍스트 생성' 정도만 기억해주세요.

추가로 퓨샷 러닝에 대해서도 알아보고 넘어가겠습니다.

2.1.3 퓨샷 러닝

퓨샷 러닝(Few Shot Learning)은 매우 적은 양의 데이터로 학습하는 능력을 가리킵니다. 여기서 중요한 것은 모델이 기존에 학습한 지식을 바탕으로 매우 제한된 예시로부터 새로운 작업에 빠르게 적응하는 것입니다.

퓨샷 러닝과 함께 나오는 단어로 제로샷 러닝(Zero Shot Learning), 원샷 러닝(One Shot Learning)이 있는데, 데이터의 양에 따라 제로샷, 원샷, 퓨샷으로 나뉩니다.

다음과 같이 모델이 학습 과정에서 결코 보지 못한 데이터에 대해 예측을 수행할 수 있는 것을 제로샷 러닝이라고 합니다. 이것이 가능하려면 거대 언어 모델과 같이 학습한 데이터가 꽤 방대하면서도 모델이 높은 수준의 추상적 사고와 일반화 능력을 갖춰야 합니다.

▼ **그림 2-5** 제로샷 러닝

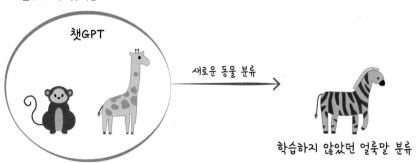

반면에 얼룩말 이미지 한 개만 학습했을 뿐인데도, 얼룩말을 잘 분류할 수 있는 것을 원샷 러닝이라고 합니다. 이 방법은 특히 데이터가 매우 제한적인 상황에서 유용합니다.

▼ 그림 2-6 원샷 러닝

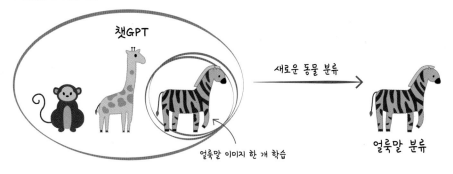

마지막으로 얼룩말 이미지 여러 개를 학습한 이후 모델이 얼룩말을 잘 분류하는 것을 퓨
샷 러닝이라고 합니다.

▼ 그림 2-7 퓨샷 러닝

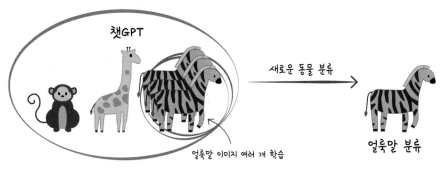

이와 같이 원샷 러닝이나 퓨샷 러닝은 특정 작업이나 분야에서 충분한 양의 학습 데이터
를 확보하기 어려울 때 유용합니다. 예를 들어 특정한 의료 이미지나 희귀 언어 데이터의
경우 충분한 학습 자료를 얻기 어려울 수 있습니다. 이때 원샷/퓨샷 러닝을 사용하면 효과
적인 작업을 처리할 수 있습니다.

하지만 잘 생각해보면 '이 방법들이 얼룩말을 잘 분류할 수 있을까?'라는 의심이 생길 수
있습니다. 실제로 적은 수의 예제에서 학습된 모델은 종종 새롭고 다양한 데이터를 일반
화하는 데 어려움을 겪을 수 있으므로 서비스로 활용할 때는 유의해야 합니다.

LLM 활용 시 주의 사항

LLM이 강력한 언어 모델이다 보니 보안 및 규제 측면에서 제약이 많습니다. 또한 누군가에 의해 악의적으로 사용된다면 사회적 이슈가 제기될 수도 있습니다. 따라서 다음과 같은 사항을 고려하여 LLM을 사용하기를 권장합니다.

정보 필터링

LLM을 이용하는 사용자의 질문은 반드시 필터링을 해야 합니다. 기업 내부 직원들이 사용할 경우는 덜하겠지만 일반인을 상대로 서비스하는 경우, 어떤 내용이 입력될지 알 수 없습니다. 따라서 이러한 경우 반드시 입력 및 출력 텍스트를 필터링해야 합니다. 특히 개인정보가 입력되지 않도록 필터링하는 것이 중요합니다.

▼ **그림 2-8** 입출력 필터링

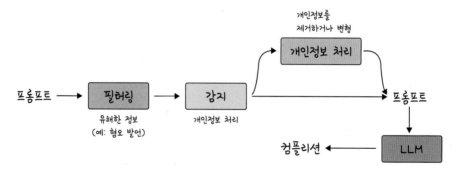

법적인 규제

특히 공공기관 및 금융산업에 해당합니다. 이런 기관들은 산업 특성상 국가에서 규정하는 법규 및 권고 사항을 지켜야 합니다. 따라서 정부가 정의해놓은 규제가 어떤 것들이 있는지 사전에 확인하는 것이 필요합니다. 그뿐만 아니라 기업의 보안팀에서도 정의한 규정들도 있습니다. 이것들도 잘 확인해서 준수할 수 있도록 아키텍처 디자인 단계부터 신경 써야 합니다.

할루시네이션

할루시네이션(hallucination)은 AI 모델, 특히 언어 모델이 부정확하거나 관련 없는 정보를 생성하는 현상을 가리킵니다. 오픈AI의 경우, 세종대왕 시기에 맥북이 등장하거나 '환단고기'에 대해 질문했을 때 엉뚱한 답변을 하여 이슈가 되기도 했습니다.

▼ 그림 2-9 할루시네이션 사례

> **You**
> 환단고기가 뭐야?
>
> **ChatGPT**
> "환단고기"는 한국의 전통적인 육류 요리 중 하나로, 돼지고기를 잘게 썰어 간장, 설탕, 다진 마늘, 참기름 등으로 양념한 후 굽거나 볶아서 먹는 음식입니다.

이와 같이 LLM이 생성한 답변의 부정확한 할루시네이션 현상을 최소화해야 합니다. 할루시네이션은 정보 검색 결과만 정확하다면 어느 정도 해결할 수 있습니다.

또한 LLM이 정확한 답변만 할 수 있도록 temperature라는 파라미터를 0으로 설정해줍니다. 다음 코드에서 temperature가 어떻게 사용되는지만 확인해보세요.

코드

```python
from openai import OpenAI
client = OpenAI(
  api_key="sk- " #openai 키 입력
)


prompt = "한국의 야구팀 3개만 알려줘?"
response = client.chat.completions.create(
  model = "gpt-4",
  messages= [{'role': 'user', 'content': prompt}],
  temperature=0,
  max_tokens=300,
  top_p=1,
  frequency_penalty=0,
  presence_penalty=0,
)
print(response.choices[0].message.content)
```

또한 다음 그림과 같이 LLM 구현 과정 중 마지막에 할루시네이션 필터링을 추가함으로써
할루시네이션을 방지할 수 있습니다.

▼ **그림 2-10** 할루시네이션 제거를 위한 필터링

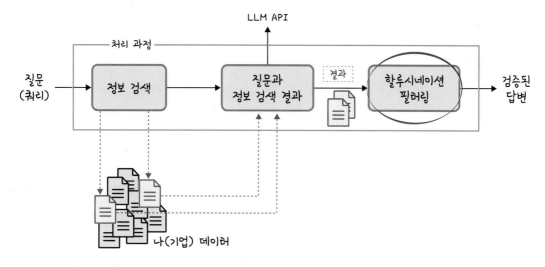

보안

LLM 모델의 경우, 모든 사용자가 모델을 공유해서 사용하다 보니 '내가 입력한 데이터가
학습에 활용되지 않을까?' 혹은 '내 데이터가 LLM까지 넘어가면서 보안에 문제는 없을
까?'라는 의문을 가질 수 있습니다.

▼ **그림 2-11** 모델 공유

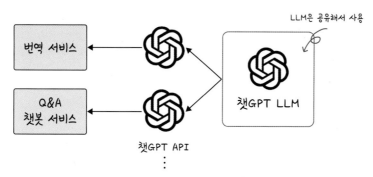

보안(특히 네트워크 측면의 보안)을 강화하기 위해서는 마이크로소프트 애저(Azure) 오픈 AI를 사용하는(정확히는 프라이빗 엔드포인트(private endpoint)) 방법도 고려해볼 수 있습니다. 애저에서는 오픈AI가 PaaS[1] 형태로 서비스되기 때문에 SLA[2]뿐만 아니라 보안을 강화할 수 있는 방법들이 많이 추가되어 있습니다.

그럼 2장의 마지막으로 LLM의 한계에 대해 알아보겠습니다.

2.3 LLM의 한계
SECTION

LLM이 우리의 삶에 큰 변화를 가져온, 혁신적인 서비스인 것은 부정할 수 없습니다. 하지만 LLM은 이제 막 시작하는 단계입니다. 챗GPT에 대한 관심이 뜨겁다 보니 기술 성숙도가 높아 보이지만 LLM의 기술 발전은 이제 막 시작하는 단계로 봐도 좋을 듯합니다.

▼ **그림 2-12** LLM의 출발, 챗GPT

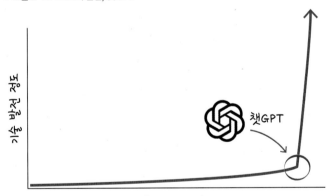

---

1 인프라 제공 및 운영을 클라우드 제조사가 담당하기 때문에 개발자들은 인프라 관리에 대한 걱정 없이 애플리케이션의 개발, 실행, 관리에 집중할 수 있는 서비스입니다.
2 SLA(Service Level Agreement)는 서비스 제공자와 고객 간에 체결되는 공식적인 계약으로, 이 계약은 서비스 제공자가 고객에게 제공할 서비스의 품질, 범위 및 책임에 대한 구체적인 기준과 조건을 명시합니다.

그러니 LLM에 대한 한계도 존재하겠죠?

편향과 공정성

만약 LLM이 주로 남성 엔지니어의 데이터를 학습했다면, '엔지니어'라는 단어에 대해 남성 이미지를 더 자주 연상시키는 문장을 생성할 수 있습니다. 예를 들어 엔지니어가 포함된 질문을 한다면 남성에 더 우호적인 텍스트를 생성할 가능성이 높습니다.

실제로 아마존은 직원 채용 시 'AI 면접' 과정이 있었지만 남성에 더 우호적으로 채점하는 것으로 밝혀지면서 AI 면접을 폐지했다고 합니다.

투명성

LLM이 어떤 질문에 대해 특정 대답을 하는 경우 왜 그런 대답을 했는지 그 이유를 사용자에게 설명하는 능력이 부족할 수 있습니다. 분명 학습한 데이터를 기반으로 답변을 한 것은 맞지만 그렇다고 LLM이 학습한 데이터를 그대로 사용자에게 보여주는 것은 아닙니다. LLM 자체적으로 어느 정도 가공을 하는데 그 가공 과정을 인간은 이해할 수 없습니다.

예를 들어 자율 주행 자동차는 복잡한 딥러닝 알고리즘을 사용하여 주변 환경을 인식하고 결정을 내립니다. 이때 결정이란 언제 브레이크를 밟을지, 언제 우회전할지 등등 결정하는 것을 의미합니다. 그러나 이러한 결정 과정은 종종 우리 인간이 이해할 수 없는 경우가 많은데, 이러한 문제로 차량이 특정 상황에서 어떻게 행동할지 예측하기 어렵다는 점이 있습니다.

▼ **그림 2-13** 자율 주행 차의 투명성 문제

데이터 의존성

LLM은 특정 언어, 특정 분야(예: 문학)에 한정되어서 데이터를 학습하지 않습니다. 그렇기 때문에 지금과 같이 다양한 질문에도 답변할 수 있는 것이죠. 하지만 모델이 특정 국가의 소설로만 학습을 할 경우 다른 지역의 문화적 맥락을 반영한 텍스트를 생성하는 데 한계가 있을 수 있습니다.

예를 들어 모델이 오직 프랑스 소설로만 학습된 경우를 가정해봅시다. 이 모델은 프랑스 문학, 문화, 역사 및 사회적 맥락에 대해 매우 풍부한 지식을 갖고 있겠죠? 이제 모델에 한국의 문화적 배경을 가진 이야기를 생성하도록 요청했다면 어떤 상황이 발생할까요? 모델은 우리나라에 대한 충분한 지식이 없기 때문에 우리의 전통, 관습, 역사적 배경 등을 적절히 반영하지 못할 것입니다.

▼ 그림 2-14 프랑스 혁명을 학습한 LLM이 5·18 광주 민주화 운동 설명

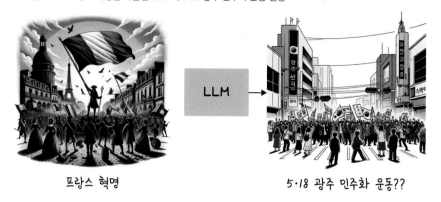

프랑스 혁명   5·18 광주 민주화 운동??

정보의 일반화

'데이터 의존성'과 반대되는 것으로 LLM이 너무 다양한 데이터를 학습했기 때문에 특정 산업(예: 여행)에 특화된 질문을 할 경우 정밀한 답변을 얻지 못할 수 있습니다.

실제로 다음 그림과 같은 질문을 할 경우, LLM은 서울시 홈페이지에서 확인하라는 답변을 줍니다.

▼ 그림 2-15 건축에 관한 구체적 질문

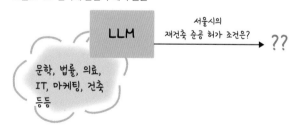

오류 가능성

LLM이 잘못된 정보를 기반으로 문서를 작성할 수 있으며 이는 가짜 뉴스의 확산과 같은 문제를 야기할 수 있습니다. 대표적인 것이 앞서 말한 할루시네이션 현상입니다.

개인정보 보호

학습 데이터에 포함된 개인정보(예: 메신저 대화 내용에 포함된 이름, 위치, 개인적 선호 등)를 모델이 학습하고, 이를 생성 과정에서 노출시킬 수 있습니다.

새로운 정보의 결여

모델이 2023년까지의 데이터로 훈련되었다면, 그 이후에 발생한 사건이나 정보에 대해서는 알지 못하고 과거의 정보를 기반으로 응답할 수 있습니다.

예를 들어 다음과 같이 2023년 대한민국의 대통령을 묻는다면 답변을 주지 못합니다.

그림 2-16 대한민국 대통령에 대한 질문

You
2023년 현재 대한민국의 대통령은 누구야?

ChatGPT
죄송합니다, 제 지식은 2022년 1월까지의 정보만을 포함하고 있기 때문에 2023년 현재의 대한민국 대통령에 대한 정보를 제공할 수 없습니다. 현재 대통령 정보는 온라인 뉴스 또는 정부 공식 웹사이트 등을 참고하여 확인하실 수 있습니다.

기업 내 데이터 미활용

기업에서 LLM을 그대로 사용하지 못하는 이유는, 앞의 이유들보다는 LLM을 그대로 기업에서 활용할 경우 기업이 가진 데이터를 활용할 수 없기 때문입니다. LLM이 학습한 데이터에 각 기업에서만 가지고 있는 데이터가 포함되어 있지 않으니까요.

기업에서 LLM을 이용하면서도 기업이 가지고 있는 데이터를 활용할 수 있는 방안이 필요했습니다. 그것을 충족해줄 수 있는 방법이 RAG입니다.

2장에서도 잠깐 알아봤지만, 다음 장에서는 RAG가 무엇이고, RAG를 사용해 무엇을 할 수 있는지에 대해 좀 더 자세히 살펴보겠습니다.

RAG 훑어보기

RAG는 챗GPT 이전부터 사용했던 기술이지만 지금 만큼 관심을 받지는 않았습니다. 챗GPT가 부각되면서 RAG도 뜨고 있는 것이지요.

이 장에서는 RAG의 개념과 동작 원리에 대해 살펴보겠습니다. 또한 RAG를 구현하기 위해서는 어떤 것들이 필요한지도 함께 알아볼 예정입니다.

3.1 / RAG 개념
SECTION

RAG(Retrieval-Augmented Generation)는 LLM이 텍스트를 생성할 때 관련 정보를 찾아보고(retrieval), 그 정보를 활용하여 새로운 텍스트를 만드는(generation) 기술입니다. 예를 들어 RAG를 사용하는 LLM은 특정 질문에 답하기 위해 인터넷에서 정보를 검색하고, 그 정보를 바탕으로 상세하고 정확한 답변을 생성할 수 있습니다.

간단히 말해, RAG는 큰 데이터베이스나 인터넷과 같은 정보의 원천에서 필요한 사실이나 데이터를 찾아내고, 그것을 기반으로 텍스트를 만드는 기술입니다. 이 방식은 LLM이 더 정확하고 신뢰할 수 있는 내용을 생성하도록 도와줍니다.

▼ **그림 3-1** RAG의 개념

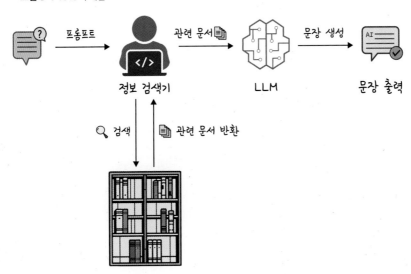

3.2 RAG 구현 과정

앞에서 RAG는 '정보 검색'과 '텍스트 생성'이라는 두 가지 주요 단계를 결합한 기술이라고 했습니다. 두 단계의 의미를 생각해보면,

- 정보 검색(retrieval)은 AI가 대규모 정보로부터 관련 데이터를 찾는 과정
- 텍스트 생성(generation)은 찾은 정보를 기반으로 새로운 텍스트를 만드는 과정

을 의미합니다. 먼저 정보 검색 단계부터 자세히 알아보겠습니다.

3.2.1 정보 검색

정보 검색은 우리가 일반적으로 많이 하는 행위입니다. 구글, 빙이나 네이버 검색 엔진에 궁금한 것을 입력하면 그에 대한 답변을 보여줍니다. 이 과정을 좀 더 자세히 살펴볼까요?

① 질문 입력

사용자는 필요한 정보를 찾기 위해 구글, 빙이나 네이버에 질문을 하거나 키워드를 입력합니다. 이것을 '쿼리(query)'라고 합니다.

▼ 그림 3-2 질문/키워드 입력

② 검색

검색 엔진은 해당 쿼리와 관련된 정보를 데이터베이스나 인터넷에서 찾습니다.

③ 유사도 검색

이후 검색 엔진은 쿼리와 데이터베이스(혹은 인터넷)에 있는 문서들 사이의 유사도를 계산합니다. 이 과정은 키워드 검색과 시맨틱 검색을 모두 포함합니다. 키워드 검색과 시맨틱 검색이 무엇인지 잠시 짚고 넘어가겠습니다.

▼ 그림 3-3 키워드 검색과 시맨틱 검색

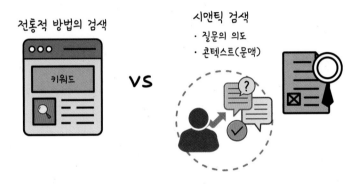

- **키워드 검색(keyword search)**: 사용자가 입력한 단어나 구를 데이터베이스나 인터넷에서 직접 찾는 방식입니다. 즉, 검색 엔진은 사용자가 입력한 키워드가 문서 내에 명시적으로 나타나는 경우만 해당 문서를 결과로 반환합니다.

  예를 들어 '커피숍'을 검색하면, '커피숍'이라는 단어가 포함된 모든 웹페이지를 찾아서 결과로 보여줍니다. 하지만 이 방식은 사용자의 질문 의도나 문맥을 파악하지 못하고 단순히 키워드의 존재 여부만을 기준으로 하기 때문에 때때로 관련 없는 결과를 보여주기도 합니다.

▼ **그림 3-4** 키워드 검색

- **시맨틱 검색(semantic search)**: 단어의 의미와 문맥을 이해하여 보다 관련성 높은 결과를 제공하는 기술입니다. 이 방식은 단어의 의미, 동의어, 주제, 사용자의 검색 의도 등을 고려하기 때문에 단어가 문서에 직접적으로 나타나지 않더라도 문맥상 관련 있는 결과를 찾아낼 수 있습니다.

  예를 들어 '가장 가까운 커피숍'을 검색하면, 시맨틱 검색은 '가까운'의 의미를 이해하고 사용자의 위치를 고려하여 주변의 커피숍을 찾아서 보여줍니다. 하지만 시맨틱 검색은 키워드 검색보다 훨씬 복잡하며 의미를 정확히 파악하고 문맥을 이해하기 위해 고도의 알고리즘과 자연어 처리 기술이 필요합니다.

▼ **그림 3-5** 시맨틱 검색

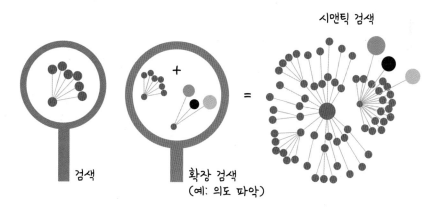

④ 랭킹 처리

검색 결과로 찾아낸 문서들 중에서 어떤 것이 질문과 가장 관련이 높은지를 결정합니다. 가장 관련이 높다고 판단되는 문서부터 순서대로 나열합니다. RAG 모델에서 랭킹 처리는 모델이 생성할 텍스트와 가장 관련이 높은 정보를 선택하는 과정입니다. 따라서 이 과정의 목표는 사용자의 질문이나 요구에 가장 적합하고 유용한 정보를 찾는 것입니다.

RAG에서 랭킹을 매기는 원리에 대해 자세히 알아보겠습니다.

ⓐ **유사도 계산:** 문서나 단어 사이의 관련성이나 유사성을 수치로 표현하는 방법입니다. 예를 들어 우리가 '사과'와 '수박'이라는 단어를 생각해보면, 이 두 단어는 서로 관련성이 있습니다. 검색엔진은 이러한 연관성을 이해하기 위해 유사도 계산을 합니다.

유사도 검색에 대해 좀 더 자세히 살펴볼까요? 먼저 각 단어나 문서를 수치화된 숫자인 벡터로 변환합니다. 예를 들어 '사과'라는 단어는 [1, 0]이라는 벡터로, '수박'이라는 단어는 [1, 1]이라는 벡터로 표현할 수 있습니다. 여기서 첫 번째 숫자는 '과일'과 관련된 정도를, 두 번째 숫자는 '단맛'과 관련된 정도를 나타냅니다. 그런 다음, 이 벡터들 사이의 거리나 각도를 계산하여 두 단어가 얼마나 유사한지 측정합니다(벡터는 좌표에 표현할 수 있기 때문에 각도 계산이 가능합니다). 벡터가 가리키는 방향이 비슷하거나 거리가 가까울수록 두 단어가 유사하다는 의미입니다.

▼ **그림 3-6** 벡터의 유사도

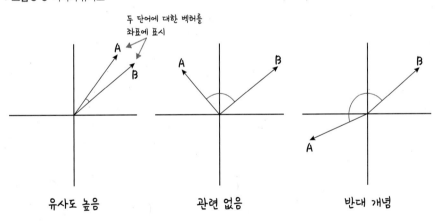

더 구체적으로, '사과' 벡터 [1, 0]와 '수박' 벡터 [1, 1]는 첫 번째 요소가 같으므로 어느 정도 유사하다고 볼 수 있습니다. 그러나 '사과' [1, 0]와 '자동차' [0, 1] 벡터는 첫 번째 숫자가 서로 다르므로 유사하지 않다고 볼 수 있습니다. 유사도를 구하는 방식 중 가장 대표적인 것이 코사인 유사도이며 다음과 같은 수식을 사용합니다.

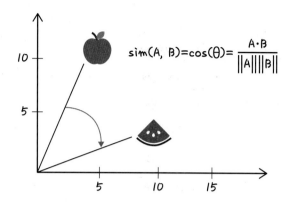

$$sim(A,\ B)=cos(\theta)=\frac{A\cdot B}{\|A\|\|B\|}$$

ⓑ **문맥과 의도 파악**: 모델은 쿼리의 문맥과 의도를 고려하여 검색된 문서가 얼마나 관련이 있는지 판단합니다.

ⓒ **랭킹 산출**: 유사도, 문맥, 정보 품질 등 다양한 요소를 종합하여 각 문서에 최종 랭킹을 매깁니다.

3.2.2 심화 정보 검색

이번에서는 정보 검색 단계에서 나온 개념들을 좀 더 깊이 배워봅니다. 심화 학습 없이 바로 '3.2.3 텍스트 생성' 단계로 넘어가도 됩니다. 추후 필요할 때 다시 돌아와서 참고하세요.

벡터와 유사도

벡터(vector)는 수학에서 사용하는 용어로서 방향과 크기를 나타내는 값입니다. 일상적인 예로, 바람을 생각해볼 수 있습니다. 단순히 바람이 분다고 하지 않고, 바람의 방향과 세기를 같이 설명하는 것처럼 수학에서도 역시 방향과 세기를 설명하기 위해 벡터를 사용합니다. 바람이 북쪽으로 10km/h의 속도로 부는 경우, 이를 벡터로 표현하면 '북쪽 방향'을 나타내는 방향과 '10km/h'를 나타내는 크기를 같이 표현합니다.

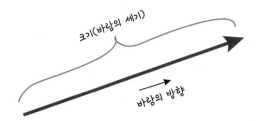

또 다른 예를 들어볼까요? 여러 가지 과일에 대한 정보를 벡터로 표현한다고 해봅시다. 각 과일은 '단맛', '신맛', '색깔', '크기' 같은 여러 특성을 가질 수 있습니다. 각 특성을 하나의 축으로 생각하고 과일의 각 특성을 이 축에 따라 점수를 매긴다면, 그 점수들을 모아서 하나의 벡터를 만들 수 있습니다. 예를 들어 사과는 다음과 같은 벡터로 표현될 수 있습니다.

- 단맛: 7

- 신맛: 5

- 색깔: '빨강'이면 1, '초록'이면 2로 표현해보자면 빨강 사과는 1

- 크기: 중간이면 5

이 정보를 모아 사과에 대한 벡터를 만들면 [7, 5, 1, 5]가 됩니다. 이 벡터는 사과의 '특성'을 수치로 표현한 것입니다.

검색 엔진은 이런 벡터를 사용해서 다른 과일과 비교하거나 어떤 과일이 사용자의 선호도에 가장 잘 맞는지를 계산하는 데 사용할 수 있습니다. 예를 들어 단맛이 강한 과일을 선호하는 사용자에게는 단맛 점수가 높은 과일 벡터를 추천할 수 있습니다.

유사도 계산

유사도를 계산하는 방법인 코사인 유사도와 유클리드 유사도(또는 유클리드 거리)를 좀 더 자세히 알아보겠습니다.

코사인 유사도

코사인 유사도는 두 벡터 간의 각도를 계산하여 그 유사성을 측정하는 방법인데, 개념이 어려우니 예시를 통해 다시 한번 알아보겠습니다. 진희와 은영이, 두 친구의 취미가 얼마나 비슷한지 코사인 유사도로 알아볼까요?

진희와 은영이의 취미가 얼마나 유사한지 알아보기 위해 '독서'와 '등산'이라는 두 취미를 점수로 매겨봅니다.

- 진희는 독서를 좋아해서 80점, 등산은 조금 좋아해서 50점을 줬습니다.
- 은영이는 독서도 좋아하고 등산도 꽤 좋아해서, 둘 다 60점을 줬습니다.

이제 독서와 등산을 각각의 축으로 하는 그래프에 표시합니다. 진희의 취미에 대해 독서 방향으로 80만큼, 등산 방향으로 50만큼 그립니다. 마찬가지로 은영이의 취미도 화살표로 그리면, 다음과 같은 그래프가 완성됩니다.

▼ **그림 3-9** 취미 유사도

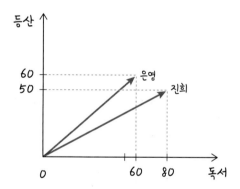

이제 이 두 화살표를 보면, 그 방향이 비슷한지 다른지를 볼 수 있습니다. 두 화살표가 같은 방향을 가리키면 두 친구의 취미가 유사하다는 뜻이고, 반대 방향이면 전혀 다른 취미를 가진다는 의미입니다. 코사인 유사도는 이 두 화살표가 얼마나 같은 방향인지를 가지고 유사도를 알아보는 것이죠. 그래프에서 두 화살표가 비슷한 방향을 가리키고 있으니 진희와 은영이의 취미가 유사하다고 볼 수 있습니다.

유클리드 유사도

유클리드 유사도는 두 점 사이의 '직선 거리'를 말합니다. 쉽게 말해 지도에서 두 장소 사이의 실제 거리를 측정하는 것과 같습니다.

예를 들어 진희가 집에서 가장 가까운 슈퍼마켓까지의 거리를 알고 싶다고 가정해 봅시다. 진희가 슈퍼마켓까지 걸어갈 때, 바로 가로질러 걷는 직선 경로가 유클리드 거리입니다. 코사인 유사도와 유클리드 유사도를 비교하면 다음 그림과 같습니다.

▼ **그림 3-10** 코사인 유사도와 유클리드 유사도

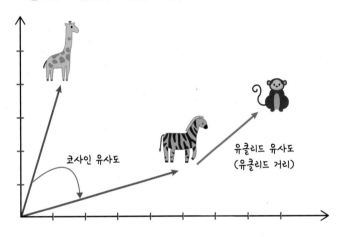

검색 결과 랭킹 처리

정보 검색에서 랭킹을 매기는 과정은 검색 엔진이 사용자의 쿼리에 가장 관련성이 높은 문서를 결정하고 이를 순서대로 나열하는 방법을 말합니다. 이 과정을 '랭킹'이라고도 합니다. 랭킹을 위한 방법에는 몇 가지가 있는데, 그중 많이 사용되는 것 위주로 알아보겠습니다.

페이지랭크

페이지랭크(PageRank)는 검색 결과에 랭킹을 매기는 알고리즘으로, 일반적으로 검색 엔진에서 많이 사용됩니다. 페이지랭크를 더 쉽게 이해하기 위해 학교에서 친구들 사이의 인기도를 측정해본다고 가정하겠습니다. 인기 투표에 참여하는 사람은 진희와 은영이로, 둘은 같은 반 학생들의 추천으로 올라왔습니다.

- 진희: 학교에서 가장 인기 있는 친구의 1표를 받았으며, 과반수 이상의 친구들로부터 추천을 받아 후보로 올라왔습니다.
- 은영: 친구들 사이에서 큰 인기가 없는 10명의 투표를 받았으며, 한 명에게만 추천을 받아 후보로 올라왔습니다.

페이지랭크 관점에서 보면 진희는 많은 추천을 받았지만 1표만 받았기 때문에 추천해준 친구들 자체는 인기가 별로 없다고 판단할 수 있습니다. 즉, 그 추천의 '가치'가 낮다고 할 수 있죠. 반면에 은영이는 오직 한 명에게만 추천을 받았지만 그 한 명이 학교에서 매우 인기가 많기 때문에 10명에게 투표를 받았습니다. 즉, 한 명의 추천 '가치'가 높은 것으로 간주할 수 있습니다.

여기서 친구들의 인기도는 웹페이지의 중요도에 비유할 수 있습니다. 특정 웹페이지가 다른 많은 웹페이지로부터 참조되는(링크를 받는다고 표현합니다) 것은 학급 친구들로부터 투표를 받는 것과 같습니다. 또한, 인기 있는 친구의 추천이 투표에 더 많은 영향을 준 것처럼 '인기 있는' 웹페이지로부터 링크를 받는 것이 훨씬 더 가치가 있습니다.

정리하면 다음 그림과 같이 참조를 많이 받는(링크를 많이 받는) 페이지의 랭킹이 높은 것을 확인할 수 있는데 이와 같은 방식으로 랭킹을 매기는 것이 페이지랭크입니다.

▼ **그림 3-11** 페이지랭크

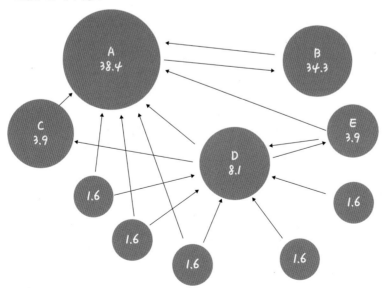

TF-IDF

다음으로 TF-IDF(Term Frequency-Inverse Document Frequency) 방식이 있습니다. 이 방식은 문서에서 특정 단어가 나타나는 단어 빈도(TF)와 그 단어가 전체 문서에서 얼마나 드물게 나타나는지에 대한 문서 빈도(IDF)를 계산하여 랭킹을 매깁니다.

▼ 그림 3-12 TF-IDF

Terms	Docs
Book	Doc1 , Doc3 , Doc4
Teach	Doc4 , Doc61 , Doc103
.	.
.	.
.	.

TF-IDF 값이 높은 문서는 쿼리와 더 관련이 높다고 간주됩니다. 무슨 의미인지 이해하기 어렵다면 다음의 예시로 자세히 살펴보겠습니다. 진희는 시험을 앞두고 공부하던 중 특정 단어 'RAG'를 찾아야 하는 상황이 발생했습니다.

- **단어 빈도(Term Frequency, TF)**: 'RAG'라는 단어가 한 권의 책에 얼마나 자주 나오는지 세는 것입니다. 예를 들어 한 권의 책에서 'RAG'라는 단어가 10번 나왔다면 이 책에서 'RAG'의 TF는 10입니다.

- **문서 빈도(Inverse Document Frequency, IDF)**: 이번에는 가지고 있는 모든 도서에서 'RAG'라는 단어가 들어 있는 책이 얼마나 드문지를 측정합니다. 예를 들어 30권의 책 중에서 'RAG'라는 단어가 2권의 책에만 나온다면, 'RAG'는 매우 특별한 단어입니다. 'RAG'의 IDF는 30을 2로 나눈 다음, 이 값에 로그를 취하여 계산합니다. 이렇게 하면 드문 단어일수록 더 높은 값이 나옵니다.

'RAG'라는 단어가 한 권의 책에서 10번 나오고, 소유하고 있는 모든 도서 중 2권에만 들어 있다면 'RAG'의 TF-IDF 값은 다음과 같이 계산됩니다.

- TF('RAG') = 10 (한 권의 책 내 RAG의 빈도)

- IDF('RAG') = $\log(30 \div 2) = \log(15)$

- TF−IDF('RAG') = $10 \times \log(15)$

이 계산 결과 값이 크면 'RAG'라는 단어는 그 책에서 매우 중요하다는 것을 의미합니다. 이렇게 해서 'RAG'라는 단어가 얼마나 중요한지를 판단할 수 있습니다.

클릭률

클릭률(Click−Through Rate, CTR)은 인터넷 광고나 검색 엔진 결과 등에서 어떤 링크가 얼마나 자주 클릭되는지를 측정하는 지표입니다. 클릭률은 클릭 수를 광고나 링크가 보인 횟수(노출 수)로 나눈 값에 100을 곱한 백분율로 표현됩니다.

예를 들어 진희가 온라인에서 사과를 판매하기 위해 포스터를 만들었습니다. 이 포스터를 100명이 봤고 그 중에서 실제로 2명이 구매했다면,

- 100명이 포스터를 봤습니다. (노출)

- 2명이 구매했습니다. (클릭)

클릭률(CTR)은 다음과 같이 계산됩니다. 구매한 사람 수(2명)를 전체 본 사람 수(100명)로 나누고 그 결과에 100을 곱합니다.

$$\text{CTR} = \left(\frac{2}{100}\right) \times 100 = 2\%$$

이는 포스터를 본 사람 중 2%가 실제로 구매했다는 것을 의미합니다. 따라서 클릭률은 포스터가 사람들의 관심을 얼마나 잘 끄는지를 측정하는 용도로 사용됩니다.

3.2.3 텍스트 생성

'3.2.1 정보 검색' 단계에서 랭킹을 처리하는 것까지 알아봤습니다. 다음은 랭킹에 따라 결과를 반환하는 텍스트 생성 단계입니다.

⑤ (검색 엔진의 경우) 결과 반환

랭킹이 매겨진 문서 리스트를 사용자에게 보여줍니다. 사용자는 이 리스트를 보고 원하는 정보를 선택할 수 있습니다. 일반적으로 검색 결과를 보여주면 첫 번째부터 클릭해보다가 원하는 정보가 없으면 페이지를 넘기면서 모든 결과를 클릭해보잖아요. 하지만 ④ '랭킹 처리'에서 살펴봤던 것처럼 페이지를 넘길수록 원하는 정보를 찾지 못할 확률이 더 높습니다.

▼ **그림 3-13** 구글에서 'RAG'를 검색했을 때 반환되는 리스트

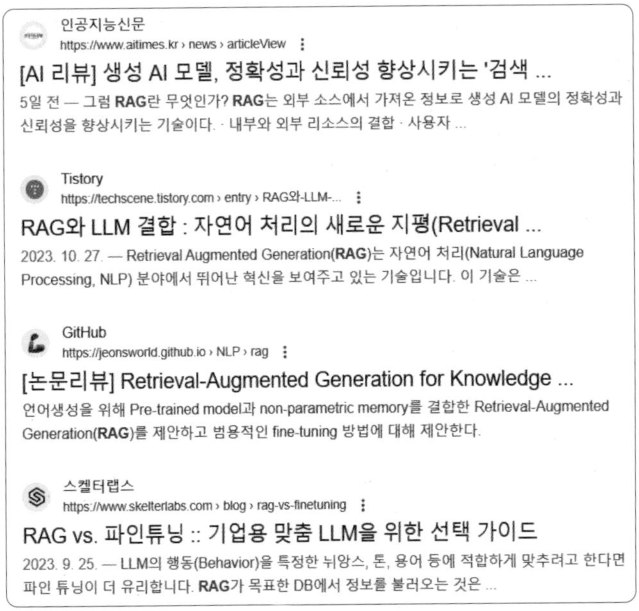

⑥ (LLM의 경우) 텍스트 생성

사용자의 질문과 검색 결과로 텍스트를 생성합니다. 정보 검색을 통해 수집된 정보를 LLM에 넘기면 LLM에서는 텍스트를 생성하는데, 이 과정을 예시를 통해 알아보겠습니다.

진희는 여러 식당 리뷰에 대한 정보를 가지고 있습니다. 이 정보에는 식당 이름, 위치, 가장 인기 있는 요리, 서비스 품질, 분위기 등이 포함되어 있습니다. 예를 들어 "레스토랑 '오션 뷰'는 해변가에 위치해 있으며, 신선한 해산물 요리로 유명합니다. 손님들은 친절한 서비스와 탁 트인 바다 전망에 높은 점수를 줬습니다."라는 형식으로 정보를 가지고 있다

고 가정해봅시다. 따라서 '오션 뷰'라고 질의하면 해당 레스토랑의 위치, 가장 인기 있는 요리, 서비스 품질, 분위기 등이 함께 검색될 것입니다.

이제 이 정보가 LLM에 넘어가면 LLM은 자신에게 주어진 정보들을 기반으로 텍스트를 생성합니다. 앞에서 질의했던 '오션 뷰'의 경우, "오션 뷰 레스토랑은 방문객에게 매혹적인 해변의 전망과 함께 최상급 해산물 요리를 제공합니다. 이곳의 시그니처 요리인 '오션 플래터'는 방문객 사이에서 필수 메뉴로 꼽히며, 서비스의 질과 친근한 분위기는 손님들로 하여금 다시 방문하고 싶은 마음을 갖게 합니다."와 같이 텍스트를 생성할 수 있습니다.

좀 더 쉬운 예를 들어 볼까요? 예를 들어 사용자가 "마이클 잭슨의 가장 유명한 노래는?" 이라고 물어본다면 학습을 통해 혹은 검색을 통해 정답이 'Billie Jean'이라는 것을 확인합니다. 그리고 다음과 같이 답변할 것입니다.

실행 결과

> 마이클 잭슨의 가장 유명한 노래 중 하나는 'Billie Jean'입니다. 이 노래는 그의 1982년 앨범 'Thriller'에 수록되었으며, 팝 음악 역사상 가장 중요한 곡 중 하나로 꼽힙니다. 'Billie Jean'은 그의 노래와 춤으로 인해 큰 인기를 얻었으며 그의 음악 경력을 대표하는 곡 중 하나입니다.

단순히 'Billie Jean'이라는 단답형 답변보다는 눈으로 읽기에도 자연스럽죠? 사실 정답만 알고자 한다면 'Billie Jean'만 결과로 보여줘도 문제가 되지 않습니다. 하지만 우리 인간은 타인과의 관계를 통해 살아가고 발전하잖아요. 그런 측면에서 LLM의 답변은 훨씬 인간적이라고 할 수 있죠.

이렇게 LLM은 제공된 정보를 활용하여 구체적이고 정보에 기반한 텍스트를 생성할 수 있습니다.

지금까지 RAG의 핵심 동작 원리에 대해 알아봤습니다. 이어서 RAG를 구현하기 위해 필요한 것들에 대해 추가로 살펴보겠습니다.

3.3 SECTION / RAG 구현 시 필요한 것

RAG 시스템을 구현하기 위해서는 여러 구성 요소가 필요합니다. 중요한 항목들 위주로 알아보겠습니다.

3.3.1 데이터

RAG에서 사용할 수 있는 데이터는 특별히 정해진 형식이 없습니다. CSV, JSON, PDF 등과 같은 파일 형식도 가능하고, 오라클과 같은 데이터베이스도 가능합니다. 중요한 것은 데이터의 형식이 아니라 규범, 규제를 고려하는 것입니다. 특히 사용하려는 데이터에 개인정보가 포함되어 있는지, 저작권법 침해에 해당되는지를 확인해야 합니다. 또한 외부에서 얻은 데이터를 상업적 용도로 사용할 경우, 데이터의 소유권을 가진 개인이나 기관으로부터 적절한 사용 권한을 획득해야 합니다.

이렇게 획득한 데이터는 크게 두 가지 방법으로 사용할 수 있습니다.

- 시맨틱 검색
- 벡터 검색

시맨틱 검색은 이미 앞에서 살펴봤으니 여기서는 벡터 검색에 대해 집중적으로 알아보겠습니다. 벡터 검색을 위해서는 임베딩이라는 개념을 먼저 이해해야 합니다.

임베딩이란?

임베딩(embedding)은 복잡한 데이터를 간단한 형태로 바꾸는 것을 말합니다.

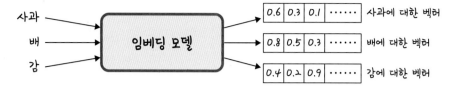
▼ 그림 3-14 임베딩

즉, 컴퓨터가 이해할 수 있도록 정보를 숫자(벡터)로 바꾸는 것인데요. 구체적으로 예를 들어 볼까요? '사과', '바나나', '컴퓨터'라는 세 단어가 있다고 가정해봅시다. 이제 이 단어들을 컴퓨터가 이해할 수 있는 숫자로 바꿔야 합니다. 변환되는 첫 번째 숫자는 '과일(fruit)'을, 두 번째 숫자는 '기술(technology)'을 나타낸다고 하면 다음과 같이 변환될 수 있습니다.

- '사과'는 [1.0, 0.0]으로 변환
- '바나나'는 [0.9, 0.1]로 변환
- '컴퓨터'는 [0.1, 0.9]로 변환

그럼 '사과'와 '바나나'는 과일이기 때문에 '과일'에 대한 숫자가 높고, '컴퓨터'는 기술로 분류될 수 있기 때문에 '기술'에 대한 숫자가 높습니다. 즉, 벡터들을 비교하여 '사과'와 '바나나'가 서로 비슷하고, '컴퓨터'와는 다르다는 것을 이해할 수 있습니다. 왜냐하면 '사과'와 '바나나' 벡터는 서로 가깝고, '컴퓨터' 벡터는 멀리 떨어져 있기 때문입니다.

임베딩 모델

임베딩을 위해서는 임베딩 모델이라는 것이 필요합니다. 많이 사용되는 것 위주로 몇 가지만 살펴보겠습니다.

Word2Vec

Word2Vec은 단어를 컴퓨터가 이해할 수 있는 숫자인 벡터로 변환하는 모델입니다. 이를 통해 컴퓨터는 단어 사이의 관계를 이해하고 비슷한 의미를 가진 단어들을 찾을 수 있습니다. 파이썬을 이용하여 구현하는 방법은 간단합니다.

```
from gensim.models import Word2Vec

#훈련에 사용된 데이터
training_data = [
    ['강아지', '고양이', '두', '마리', '계단', '위', '앉아', '있다']
]
#word2vec 사용하여 벡터로 변환
word2vec_model = Word2Vec(sentences=training_data, min_count=1)

word_vector = word2vec_model.wv['강아지']   #강아지를 벡터로 변환
word_vector
```

'강아지'를 벡터로 바꾸면 다음과 같이 숫자의 나열들이 나타납니다.

```
array([ 8.1681199e-03, -4.4430327e-03,  8.9854337e-03,  8.2536647e-03,
       -4.4352221e-03,  3.0310510e-04,  4.2744912e-03, -3.9263200e-03, -5.5599655e-
       03, -6.5123225e-03, -6.7073823e-04, -2.9592158e-04,  4.4630850e-03,
       -2.4740540e-03, -1.7260908e-04,  2.4618758e-03,  4.8675989e-03, -3.0808449e-
       05, -6.3394094e-03, -9.2608072e-03,  2.6657581e-05,  6.6618943e-03,
        1.4660227e-03, -8.9665223e-03, -7.9386048e-03,  6.5519023e-03, -3.7856805e-
       03,  6.2549924e-03, -6.6810320e-03,  8.4796622e-03, -6.5163244e-03,
        3.2880199e-03, -1.0569858e-03, -6.7875278e-03, -3.2875966e-03, -1.1614120e-
       03, -5.4709399e-03, -1.2113475e-03, -7.5633135e-03,  2.6466595e-03,
        9.0701487e-03, -2.3772502e-03, -9.7651005e-04,  3.5135616e-03,  8.6650876e-03,
       -5.9218528e-03, -6.8875779e-03, -2.9329848e-03,  9.1476962e-03,  8.6626766e-
       04, -8.6784009e-03, -1.4469790e-03,  9.4794659e-03, -7.5494875e-03,
       -5.3580985e-03,  9.3165627e-03, -8.9737261e-03,  3.8259076e-03,  6.6544057e-04,
        6.6607012e-03,  8.3127534e-03, -2.8507852e-03, -3.9923131e-03,  8.8979173e-03,
        2.0896459e-03,  6.2489416e-03, -9.4457148e-03,  9.5901238e-03, -1.3483083e-
       03, -6.0521150e-03,  2.9925345e-03, -4.5661093e-04,  4.7064926e-03,
       -2.2830211e-03, -4.1378425e-03,  2.2778988e-03,  8.3543835e-03, -4.9956059e-
       03,  2.6686788e-03, -7.9905549e-03, -6.7733466e-03, -4.6766878e-04,
       -8.7677278e-03,  2.7894378e-03,  1.5985954e-03, -2.3196924e-03,  5.0037908e-03,
        9.7487867e-03,  8.4542679e-03, -1.8802249e-03,  2.0581519e-03, -4.0036892e-03,
       -8.2414057e-03,  6.2779556e-03, -1.9491815e-03, -6.6620467e-04, -1.7713320e-
       03, -4.5356657e-03,  4.0617096e-03, -4.2701806e-03], dtype=float32)
```

GloVe

GloVe(Global Vectors for Word Representation)는 단어의 의미를 숫자 벡터로 변환하는 방법 중 하나입니다. 이 방법은 전체 텍스트에서 단어들이 얼마나 자주 함께 나타나는지를 보고 이 정보를 사용해서 각 단어를 벡터로 표현합니다. 이것에 대한 파이썬 사용 방법은 다음과 같습니다.

코드

```
#gensim은 자연어 처리를 위한 파이썬 라이브러리로, 문서 유사성 분석을 위해 사용됩니다.
!pip install genism

from gensim.models import KeyedVectors
from gensim.scripts.glove2word2vec import glove2word2vec

#사전에 구글 드라이브에 'glove.6B.100d.txt' 파일을 업로드해야 합니다. 업로드 방법
은 부록을 참조해주세요. 또는 https://nlp.stanford.edu/projects/glove 사이트에서
'glove.6B.zip' 파일을 내려받으면 됩니다.
glove_path = '/content/sample_data/glove.6B.100d.txt'

with open(glove_path, 'w') as f:
    f.write("cat 0.5 0.3 0.2\n")
    f.write("dog 0.4 0.7 0.8\n")

#GloVe 파일 형식을 word2vec 형식으로 변환
word2vec_output_file = glove_path + '.word2vec'
glove2word2vec(glove_path, word2vec_output_file)

model = KeyedVectors.load_word2vec_format(word2vec_output_file,
binary=False)
cat_vector = model['cat']  #'cat'에 대한 벡터
cat_vector
```

'cat'에 대한 벡터는 다음과 같습니다.

실행 결과

```
array([0.5, 0.3, 0.2], dtype=float32)
```

오픈AI 임베딩 모델

또 다른 모델로 오픈AI에서 제공하는 임베딩 모델이 있습니다. 특히 오픈AI 임베딩은 한국어 지원은 물론, RAG에서 정보 검색과 랭크에 있어서도 우월한 성능을 자랑합니다. 또한 다음과 같이 사용 방법도 매우 간단합니다.

코드

```python
from openai import OpenAI

client = OpenAI(
    api_key = "sk-",   #openai 키 입력
)
document = ['제프리 힌튼','교수','토론토 대학','사임']
#'제프리 힌튼','교수','토론토 대학','사임'을 벡터로 변환
response = client.embeddings.create(
    input=document,
    #오픈AI에서 제공하는 임베딩 모델
    model="text-embedding-ada-002"
)
response
```

document의 단어들은 다음과 같이 임베딩 처리됩니다.

실행 결과

```
CreateEmbeddingResponse(data=[Embedding(embedding=[-0.025099867954850197,
-0.019271383062005043, -0.007503656204789877, -0.01672401651740074,
-0.007787466049194336, 0.0280348788946867, -0.005880402401089668,
0.003911038395017385, -0.00293500954285264, 0.006724909879267216,
--중간 생략--
0.006888267584145069, -0.01740266941487789], index=3, object='embedding')],
model='text-embedding-ada-002-v2', object='list', usage=Usage(prompt_
tokens=23, total_tokens=23))
```

그런데 결과에서 볼 수 있듯이 '중간 생략'을 할 정도로 벡터로 변환된 내용이 상당히 많은데요. 그렇다면 이것을 어딘가에 저장해두어야 한다는 의미겠죠? 그것도 아무 데이터베이스에 저장할 수는 없고, 벡터 데이터베이스에 해야 합니다.

바로 이어서 벡터 데이터베이스에 대해 알아보겠습니다.

3.3.2 벡터 데이터베이스

벡터 데이터베이스는 말 그대로 벡터를 저장하는 저장소입니다. 벡터는 앞에서도 살펴봤듯이 여러 숫자로 이루어진 데이터의 나열을 말합니다. 이를테면 상품에 대한 사람의 선호도를 여러 숫자로 표현한 것이 벡터일 수 있습니다. 그리고 숫자의 나열을 저장하는 곳이 벡터 데이터베이스입니다.

벡터 데이터베이스는 단순히 벡터를 저장하는 것 외에도 데이터를 관리하며, 검색하는 일도 합니다. 즉, 일반 데이터베이스와 달리 벡터 데이터베이스는 데이터의 정확한 값 대신 데이터 간의 '유사성'을 바탕으로 검색하는 데 사용됩니다.

예를 들어 일반 데이터베이스에서 나이가 30 이상인 사람의 정보를 가져오는 쿼리는 다음과 같습니다.

> **코드**

```
SELECT * FROM customers WHERE age >= 30;
```

하지만 벡터 데이터베이스는 일반 데이터베이스와 같이 질문하지 않습니다. 벡터 데이터베이스에 질의하는 방식에 대해 좀 더 알아볼까요? 예를 들어 물류 센터 A회사는 사용자로부터 다음과 같은 질의를 받았습니다.

사용자 질문: "배송 상태를 어떻게 확인할 수 있죠?"

이 질문은 먼저 임베딩 처리 과정을 거쳐 벡터로 변환됩니다. 이제서야 벡터 데이터베이스에 다음과 같이 질의를 할 수 있습니다.

> **코드**

```
POST /search
{
  "query_vector": [0.13, -0.24, 0.33, ..., 0.78],
  "top_k": 5
}
```

여기서 "query_vector"는 질문의 벡터 표현이고, "top_k"는 반환 받고자 하는 가장 유사한 문서의 수입니다.

이후부터 벡터 데이터베이스는 가치 있는 역할을 합니다. 바로 저장된 문서 벡터들과 질문 벡터 간의 유사성을 계산하는 것이죠. 유사성 검사는 앞에서 배웠던 코사인 유사도나 유클리드 거리와 같은 것들을 사용합니다. 유사성 검사 결과에 따라 점수가 가장 높은(랭크가 가장 높은) 상위 N개의 벡터들이 반환되고 사용자에게 보여줍니다.

정리하면 벡터 데이터베이스는 숫자로 변환된 복잡한 데이터를 다루는 데 특화된 도서관과 같은 것입니다. 여기서는 단순히 책을 제목으로 찾는 대신, 책의 내용이나 주제가 찾고자 하는 정보와 얼마나 '유사한지'를 기준으로 책을 찾을 뿐이죠.

▼ **그림 3-15** 벡터 데이터베이스

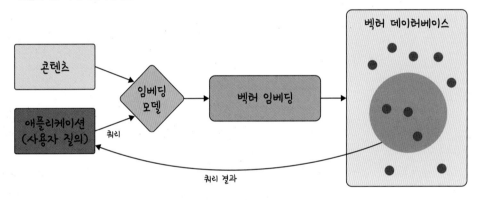

벡터를 저장하기 위해서는 특별한 데이터베이스만 가능하다는 것을 이해했을 것입니다. 그럼 이제 특별한 데이터베이스에는 어떤 것들이 있는지 알아보겠습니다.

파인콘

파인콘(Pinecone)은 머신러닝과 인공지능 애플리케이션을 위해 설계된 벡터 데이터베이스입니다. 복잡한 데이터(예: 텍스트, 이미지, 소리 등)를 숫자인 벡터로 바꾸어 저장하고 이 벡터들 사이의 유사성을 기반으로 빠르고 정확하게 검색할 수 있게 해주는 데이터베이스입니다. 파인콘을 사용함으로 개발자는 복잡한 벡터 검색 기능을 빠르고 손쉽게 구현할 수 있습니다.

밀버스

밀버스(Milvus)는 클라우드에서 사용 가능한 오픈 소스 벡터 데이터베이스입니다. 특히 밀버스는 다양한 유형의 벡터 데이터를 다루도록 최적화되어 있습니다. 예를 들어 이미지, 텍스트, 오디오 파일을 벡터 형태로 변환하여 밀버스에 저장하고 유사성 검색을 통해 관련 데이터를 빠르게 찾아낼 수 있습니다.

밀버스는 특정 클라우드 제조사(예: AWS, 마이크로소프트)에 종속적이지 않기 때문에 유연성이 높은 반면 사용자가 직접 인프라를 설정하고 관리해야 합니다.

쿼드런트

쿼드런트(Qdrant)는 오픈 소스 벡터 데이터베이스로, 특히 고차원의 데이터 벡터를 효율적으로 저장하고 검색할 수 있는 기능을 제공합니다. 여기서 '차원'은 벡터 내의 개별 요소의 수를 의미하며, 각 요소는 데이터의 특성을 나타냅니다.

예를 들어 사람의 프로필 데이터에는 나이, 키, 몸무게, 취미, 선호하는 음식 등 수많은 특성이 있을 수 있는데 이러한 개별적인 것들이 하나의 차원을 나타냅니다. 따라서 프로필에 나이, 키, 몸무게만 있다면 이것은 3차원 벡터라고 할 수 있죠. 그리고 고차원 벡터를 다루는 데 효율적이라고 했으니 수십, 수백 차원의 데이터를 다루는 데 효과적인 것이 쿼드런트라고 할 수 있습니다.

크로마

크로마(Chroma)는 주로 LLM을 위해 설계된 오픈 소스 벡터 데이터베이스입니다. 즉, 크로마는 모델이 생성하는 텍스트 데이터의 벡터를 저장하고 검색하는 데 특화되어 있습니다.

하지만 크로마는 텍스트 데이터와 언어 모델에 특화되었기 때문에 다른 유형의 데이터(예: 이미지, 오디오)를 다루는 데는 다른 벡터 데이터베이스만큼 효과적이지 않을 수 있습니다.

엘라스틱서치

엘라스틱서치(Elasticsearch)는 강력한 검색과 데이터 분석 기능을 제공하는 검색 엔진입니다. 처음에는 무료로 사용할 수 있는 오픈 소스로 공개되었으나 현재는 유료로 변경되었습니다. 원래는 텍스트 기반 검색에 특화된 기능을 제공했지만 최근에는 벡터 데이터를 처리하는 기능도 추가되었습니다. 하지만 설정과 관리가 복잡할 수 있으며 대규모의 시스템에서는 전문 지식이 필요할 수 있습니다.

파이스

파이스(FAISS)는 Facebook AI Research(FAIR)에서 개발한 라이브러리로 이미지를 비롯해 다양한 데이터를 벡터로 바꾸고, 이 벡터들 중에서 비슷한 것들을 신속하게 찾아낼 수 있습니다(Find in a Set of Images). 즉, 일반적인 검색 엔진과 유사한 역할을 한다고 생각하면 됩니다. 검색 엔진의 경우 빠른 검색을 위해 인덱스라는 것을 사용합니다. 파이스 역시 벡터 인덱스 기능을 제공하는데요. 인덱스는 책에 있는 색인과 비슷한 역할을 합니다. 책 뒤에 있는 색인을 통해 원하는 내용이나 단어를 빠르게 찾을 수 있듯이 벡터 인덱스도 많은 양의 데이터 중에서 원하는 정보를 신속하게 찾는 데 도움을 줍니다.

▼ 그림 3-16 파이스

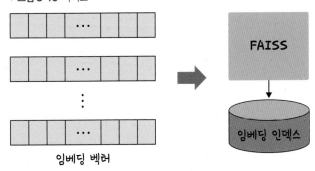

임베딩 벡터

파이스 역시 무료로 사용할 수 있으며 GPU를 사용하여 더 빠른 검색 성능을 제공하지만 효과적인 사용을 위해서는 인덱스 구조에 대한 사전 지식이 필요합니다. 즉, 파이스를 잘 다루기 위해서는 인덱스와 관련된 지식을 사전에 학습해두어야 합니다.

지금까지 살펴본 벡터 데이터베이스의 특징 및 장단점을 비교하면 다음 표와 같습니다.

▼ 표 3-1 벡터 데이터베이스의 특징 및 장단점 비교

데이터베이스	특징	장점	단점
파인콘	• 간단한 API • 빠른 검색 성능	• 클라우드 기반으로 쉬운 확장성 • 높은 가용성 및 보안성	• 제어에 제한이 있을 수 있음
밀버스	• 오픈 소스 • 고성능 • 광범위한 AI 애플리케이션 지원	• 무료로 사용 가능 • 높은 수준의 제어가 가능	• 관리와 유지보수 필요
쿼드런트	• 오픈 소스 • 고성능 • 유연한 데이터 모델링 및 고급 필터링 기능	• 벡터 및 스칼라 데이터 모두 지원 • 복잡한 검색 쿼리 가능	• 커뮤니티 지원이 밀버스나 엘라스틱서치에 비해 제한적
크로마	• LLM을 위한 벡터 데이터베이스	• 텍스트 데이터와 언어 모델에 특화된 기능을 제공	• 이미지나 오디오 데이터 같은 다른 유형의 벡터 데이터 처리에는 덜 최적화되어 있음
엘라스틱서치	• 널리 사용되는 검색 엔진 • 벡터 검색과 전통적인 텍스트 검색을 모두 지원	• 다양한 플러그인 및 통합 옵션	• 벡터 검색에 대해 다른 전문 벡터 데이터베이스만큼 강력하지 않을 수 있음 • 데이터 사이즈가 커지면 그에 따라 리소스 사용량이 높을 수 있음
파이스	• 오픈 소스 • 고성능	• 무료로 사용 가능 • GPU와 결합하여 빠른 검색 기능 제공	• 인덱스에 대한 사전 지식이 필요

벡터 데이터베이스는 여기까지 알아보고 다음은 개발을 위한 프레임워크에 대해 확인해 보겠습니다.

3.3.3 프레임워크(랭체인)

데이터도 준비되었고 벡터를 저장할 데이터베이스도 준비되었다면 마지막으로 해야 할
것은 실제로 LLM을 이용하여 서비스를 개발하는 것입니다. 특히 LLM과 함께 부각되는
것이 랭체인입니다.

랭체인(LangChain)은 언어 모델을 위한 프레임워크입니다. 프레임워크는 마치 레고 블록
과도 같습니다. 레고 블록에는 여러 블록들과 조립 설명서가 들어 있어서 복잡한 모형을
빠르게 만들 수 있듯이, 프레임워크도 이와 비슷하게 컴퓨터 프로그램을 만들 때 필요한
많은 기본적인 부품들이 미리 준비되어 있고 어떻게 조립해야 하는지에 대한 가이드가 제
공됩니다. 그래서 개발자들은 처음부터 모든 것을 만들지 않고도 더 쉽게 프로그램을 만
들 수 있습니다. 따라서 랭체인은 LLM을 활용하여 손쉽게 서비스를 개발할 수 있는 도구
라고 이해하면 됩니다.

▼ **그림 3-17** 랭체인

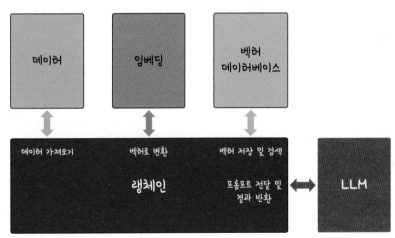

랭체인에 대해서는 다음 장에서 자세히 다루겠습니다.

랭체인 익숙해지기

랭체인은 LLM을 활용하기 위해 필요한 모듈(모듈을 라이브러리로 이해해도 좋습니다)의 모음이자 조합입니다. 랭체인을 잘 다룰 수 있어야 LLM 역시 잘 활용할 수 있기 때문에 랭체인을 충분히 학습하는 것이 중요합니다.

4.1 / 랭체인 훑어보기
SECTION

랭체인은 챗GPT와 거의 같은 시기에 등장했습니다. 개발자인 해리슨 체이스(Harrison Chase)는 2022년 10월 말, LLM 열풍이 일어나기 시작한 시점에 랭체인을 처음 오픈 소스로 선보였으며 이후 커뮤니티 구성원들에 의해 더욱 발전하게 되었습니다.

인터넷에서 랭체인을 검색하면 다음 그림과 같이 앵무새와 사슬 이미지가 나타납니다.

▼ **그림 4-1** 랭체인의 앵무새와 사슬

앵무새는 언어 모델을 상징적으로 나타내는 것입니다. 앵무새가 인간의 언어를 따라서 말할 수 있다는 점 때문에 랭체인의 상징처럼 표현된 것이죠. 사슬(chain)은 언어 모델과 언어 모델을 활용할 수 있는 다양한 도구를 결합시킨다는 의미로 표현된 것입니다.

3장에서 RAG를 구현하려면 정보 검색과 텍스트 생성이 필요하다고 했는데, 여기서 텍스트 생성은 LLM 몫이기 때문에 우리가 신경 쓸 부분은 정보 검색입니다. 정보 검색에는 무엇이 필요하다고 했죠? 일반적인 데이터베이스가 아닌 벡터 데이터베이스를 사용하기 때문에 임베딩 과정이 필요하고, 이후 유사도 검색과 랭킹 처리가 필요하다고 했습니다.

정리하면 우리가 해야 할 일은 임베딩, 유사도 검색, 랭킹 처리인데, 이 모든 것이 랭체인으로 가능합니다. 물론 프롬프트 처리와 LLM 연결도 랭체인을 통해 가능하고요.

▼ 그림 4-2 랭체인으로 가능한 것들

즉, 랭체인의 가장 핵심적인 역할은 이름에서 알 수 있듯이 LLM과 외부 도구를 마치 사슬처럼 엮어 결합시켜 주는 것입니다. 랭체인은 다음 그림과 같은 영역에서 편리하게 개발할 수 있도록 도와줍니다. 또한 다음 그림의 스트림릿(Streamlit)은 사용자와 상호작용을 할 수 있는 애플리케이션을 쉽게 만들어주는 도구라고 이해하면 됩니다.

▼ 그림 4-3 랭체인 영역

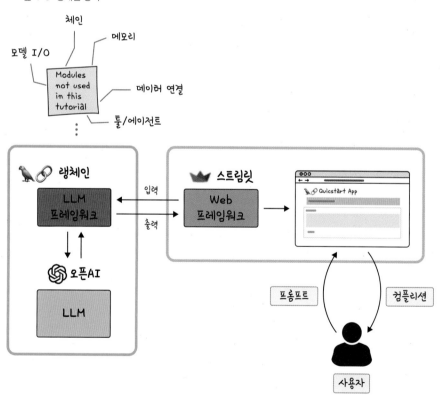

그럼 이제부터 랭체인이 어떤 모듈들로 구성되었는지 좀 더 세부적으로 알아보겠습니다.

4.2 / 랭체인을 사용하기 위한 환경 구성

랭체인은 파이썬과 자바스크립트를 지원합니다. 여기서는 파이썬을 이용한 사용 방법을 알아보겠습니다. 파이썬은 풍부한 라이브러리를 제공하고 초보자도 쉽게 배울 수 있는 언어이기 때문입니다.

파이썬을 이용하여 코드를 작성할 수 있는 환경은 크게 두 가지가 있습니다.

- 내 컴퓨터에 아나콘다를 설치하는 방법
- 구글에서 제공하는 코랩을 사용하는 방법

LLM과 랭체인으로 구현한 코드를 웹페이지에서 확인하기 위해 스트림릿을 사용할 텐데, 이것을 사용하기 위해서는 내 컴퓨터에 아나콘다를 설치해야 합니다. 따라서 4장은 코랩이나 아나콘다에서 실행해도 되지만 5장은 아나콘다에서 진행하세요. 코랩 사용 방법은 부록을 참조해주세요.

먼저 아나콘다 설치 방법부터 알아보겠습니다.

4.2.1 아나콘다 환경 구성

아나콘다 설치하기

1. 다음 사이트에서 아나콘다(Anaconda)를 내려받습니다. **Download** 버튼을 클릭한 뒤 자신에게 맞는 버전을 내려받으면 됩니다. 책에서는 윈도우(Windows) 기준으로 설명하므로 64-Bit Graphical Installer를 내려받았습니다. macOS에서도 동일하게 진행하면 됩니다.

- https://www.anaconda.com/products/individual

▼ **그림 4-4** 아나콘다 페이지에서 Download 클릭

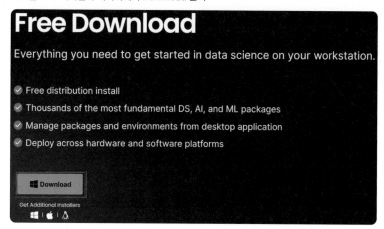

2. 내려받은 설치 파일(책에서는 Anaconda3−2023.09−0−Windows−x86_64.exe 파일이며, 파일 이름은 다를 수 있음)을 실행하면 설치 화면이 나옵니다. **Next**를 클릭합니다.

▼ **그림 4-5** 설치 시작 화면

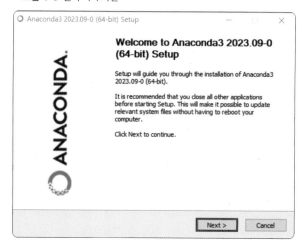

3. 라이선스 동의 화면이 나오면 **I Agree**를 클릭합니다.

▼ **그림 4-6** 라이선스 동의 화면

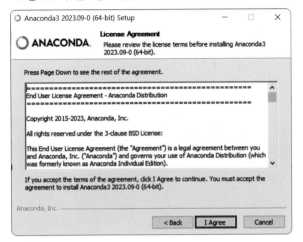

4. 다음 화면이 나오면 **Just Me**를 선택하고 **Next**를 클릭합니다.

▼ **그림 4-7** 설치 유형 선택

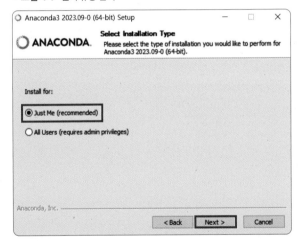

5. 설치 경로를 선택하는 화면이 나오면 기본값으로 두고 **Next**를 클릭합니다. 원하는 경로로 변경해도 됩니다.

▼ 그림 4-8 설치 경로 선택

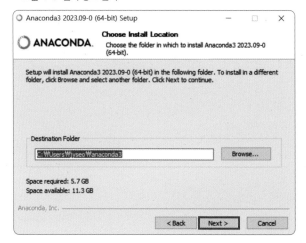

6. 다음 화면과 같이 옵션을 체크한 후 **Install**을 클릭합니다. 두 번째 옵션을 선택할 경우 아나콘다의 환경 변수가 자동으로 등록됩니다.

▼ 그림 4-9 설치 시작

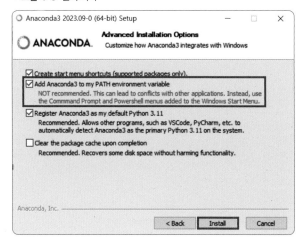

7. 다음처럼 설치가 시작됩니다.

▼ 그림 4-10 설치 중

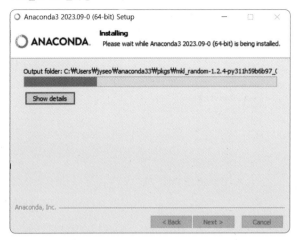

8. 설치가 종료되었고 주피터 노트북을 사용할 준비가 되었다는 것을 보여줍니다. **Next** 를 클릭합니다.

▼ 그림 4-11 주피터 노트북 준비 완료

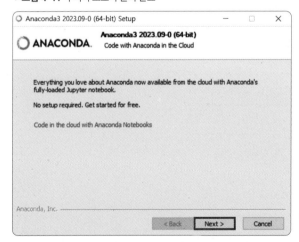

9. 모든 설치가 완료되었습니다. **Finish**를 클릭합니다.

▼ **그림 4-12** 설치 완료

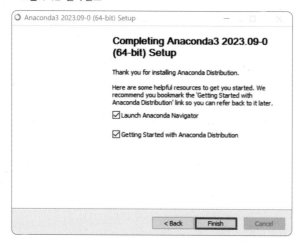

10. 설치가 종료된 후, 윈도우 탐색기에서 내 PC를 마우스 오른쪽 버튼을 클릭하고 **속성 〉 고급 시스템 설정**에서 **환경 변수**를 선택합니다. 이후 '사용자 변수'에서 **Path**를 선택하고, **편집**을 클릭하면 다음과 같이 아나콘다와 관련된 환경 변수가 생성되어 있는 것을 확인할 수 있습니다.

▼ **그림 4-13** 아나콘다 환경 변수

환경 변수를 설정한 이유

사용자 환경에 따라 환경 변수가 구성되지 않을 경우 다음과 같은 오류가 발생할 수 있기 때문에 설치한 후 환경 변수를 등록해주는 것이 좋습니다. 하지만 설치 과정에서 환경 변수 등록 옵션을 체크했기 때문에 환경 변수가 자동으로 등록되어 있을 것입니다.

```
c:\windows\system32>python
'python' is not recognized as an internal or external command, operable
program or batch file
```

가상 환경 생성

아나콘다가 설치되었다면 이번에는 가상 환경을 구성해보겠습니다.

1. 윈도우 시작 화면에서 **Anaconda3** > **Anaconda Prompt**를 선택합니다.

▼ **그림 4-14** 아나콘다 프롬프트

2. 가상 환경을 만들어 보겠습니다. conda create -n 환경 이름 python=3.8 명령을 이용하여 가상 환경을 생성할 수 있습니다.

   다음과 같이 입력하여 'llm'이라는 이름의 가상 환경을 만들어 주세요. 파이썬은 반드시 3.8을 선택하고, 중간에 설치 여부를 물을 때는 'y'를 입력합니다.

   ```
   > conda create -n llm python=3.8
   ```

3. 생성된 가상 환경을 확인합니다. 다음 명령으로 아나콘다의 가상 환경 목록을 확인할 수 있습니다.

```
> conda env list
# conda environments:
#
base                    *  C:\Users\jyseo\anaconda3
llm                        C:\Users\jyseo\anaconda3\envs\llm
```

4. llm 가상 환경이 만들어졌네요. 다음 명령어를 입력하여 가상 환경을 활성화합니다.

```
> activate llm
```

만약 가상 환경을 잘못 만들어서 삭제하고 싶을 때는 다음 명령으로 삭제할 수 있습니다.

```
> conda env remove -n llm
```

5. 생성된 가상 환경에 주피터 노트북을 설치합니다. 다음 명령은 activate llm 이후에 진행하세요.

```
> pip install ipykernel
```

가상 환경에 커널(kernel)을 연결하기 위해 다음을 실행합니다.

```
> python -m ipykernel install --user --name llm --display-name "llm"
```

6. 설치가 끝났으니, 주피터 노트북에 접속해 봐야 하겠죠? 다음 명령을 실행해주세요.

```
> jupyter notebook
```

7. 그러면 다음과 같이 웹 브라우저에서 주피터 노트북이 실행됩니다.

▼ **그림 4-15** 주피터 노트북 실행

8. **File** > **New** > **Notebook**을 클릭합니다.

▼ **그림 4-16** 주피터 노트북 이름 선택

9. 그러면 다음과 같이 커널을 선택할 수 있는 화면이 나타나는데, llm을 선택한 후 Select를 클릭합니다.

▼ **그림 4-17** 주피터 노트북 이름 선택

10. 그럼 다음과 같이 주피터 노트북이 보이는데, 여기서 예제(4장, 5장)를 진행하면 됩니다.

▼ **그림 4-18** 주피터 노트북 개발 환경

11. 실행은 ▶ 버튼이나 Shift + Enter 키를 사용합니다

▼ **그림 4-19** 주피터 노트북 개발 환경

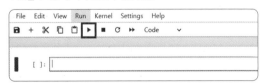

12. 만약 책과 함께 제공한 소스 코드를 그대로 사용할 경우에는, 내려받은 파일을 업로드 하여 사용합니다. 우선 다음 URL에서 소스 코드를 내려받습니다.

- https://github.com/gilbutITbook/080413

앞에서는 주피터 노트북의 오른쪽 메뉴에서 **New**를 클릭했지만, 이번에는 **Upload**를 클릭하고 내려받은 소스 코드를 선택합니다.

▼ **그림 4-20** 소스 코드 업로드 선택

13. 그림 목록에 업로드해둔 파일이 보입니다. 해당 파일을 클릭하면 코드가 보일 텐데 ▶ 버튼으로 한 줄씩 실행시킵니다.

▼ **그림 4-21** 업로드한 파일 클릭

☐ 📖 5_1_간단한_챗봇_만들기.ipynb

이것으로 아나콘다 실습 환경을 모두 마쳤습니다.

4.2.2 필요한 라이브러리 설치

1. 이제 실습에 필요한 라이브러리를 하나씩 설치해보겠습니다. 제일 먼저 아나콘다의 주 피터 노트북에 접속하여 다음과 같이 랭체인을 설치합니다.

코드

```
!pip install langchain
```

설치 명령을 실행하면 다음과 같은 결과가 나타납니다.

실행 결과

```
Collecting langchain
  Downloading langchain-0.0.27-py3-none-any.whl.metadata (8.8 kB)
Collecting pydantic (from langchain)
  Downloading pydantic-2.6.4-py3-none-any.whl.metadata (85 kB)
      --------------------------- 0.0/85.1 kB ? eta -:--:--
      --------------------------- 85.1/85.1 kB 5.0 MB/s eta 0:00:00
Collecting sqlalchemy (from langchain)
  Downloading SQLAlchemy-2.0.29-cp38-cp38-win_amd64.whl.metadata (9.8
kB)
Collecting numpy (from langchain)
--중간 생략--
Installing collected packages: urllib3, pyyaml, pydantic-core,
numpy, idna, greenlet, charset-normalizer, certifi, annotated-types,
sqlalchemy, requests, pydantic, langchain
Successfully installed annotated-types-0.6.0 certifi-2024.2.2 charset-
normalizer-3.3.2 greenlet-3.0.3 idna-3.6 langchain-0.0.27 numpy-1.24.4
pydantic-2.6.4 pydantic-core-2.16.3 pyyaml-6.0.1 requests-2.31.0
sqlalchemy-2.0.29 urllib3-2.2.1
```

참고

라이브러리를 설치하면 버전 문제 때문에 WARNING, ERROR 등이 나타날 수 있습니다. 'Successfully installed'라는 문구가 나타나면 정상적으로 설치된 것입니다.

참고

랭체인이 이미 설치되어 있다면 다음 방법으로 설치된 버전을 확인할 수 있습니다.

코드

```
import langchain; print('The version of installed langchain is',
langchain.__version__)
```

실행 결과

```
The version of installed langchain is 0.0.350
```

만약 버전이 다르다면 버전을 지정한 설치 코드를 한 번 더 실행시켜주면 됩니다. 그러면 해당 버전으로 재설치됩니다.

2. 다음으로 openai 라이브러리입니다. openai는 말 그대로 오픈AI에서 제공하는 모델의 API를 호출하는 데 사용합니다.

코드

```
!pip install openai
```

3. 역시 랭체인과 유사하게 다양한 패키지가 설치되는 것을 확인할 수 있습니다.

실행 결과

```
Collecting openai
  Using cached openai-1.14.3-py3-none-any.whl.metadata (20 kB)
Collecting anyio<5,>=3.5.0 (from openai)
  Downloading anyio-4.3.0-py3-none-any.whl.metadata (4.6 kB)
Collecting distro<2,>=1.7.0 (from openai)
  Downloading distro-1.9.0-py3-none-any.whl.metadata (6.8 kB)
Collecting httpx<1,>=0.23.0 (from openai)
  Downloading httpx-0.27.0-py3-none-any.whl.metadata (7.2 kB)
Requirement already satisfied: pydantic<3,>=1.9.0 in e:\anaconda3\envs\
openai\lib\site-packages (from openai) (2.6.4)
Collecting sniffio (from openai)
--중간 생략--
Downloading h11-0.14.0-py3-none-any.whl (58 kB)
   ---------------------------------------- 0.0/58.3 kB ? eta -:--:--
   ---------------------------------------- 58.3/58.3 kB 3.0 MB/s eta
0:00:00
Installing collected packages: tqdm, sniffio, h11, exceptiongroup,
distro, httpcore, anyio, httpx, openai
Successfully installed anyio-4.3.0 distro-1.9.0 exceptiongroup-1.2.0
h11-0.14.0 httpcore-1.0.5 httpx-0.27.0 openai-1.14.3 sniffio-1.3.1 tqdm-
4.66.2
```

4. 다음으로 허깅페이스의 LLM을 사용하기 위한 라이브러리를 설치합니다. 허깅페이스 (Hugging Face)는 인공지능 연구 및 개발을 위한 도구, 특히 자연어 처리 분야에 초점을 맞춘 회사로 거대 언어 모델과 이를 쉽게 사용할 수 있는 API, 그리고 관련 라이브러리를 제공합니다.

```
!pip install huggingface-hub
```

```
Collecting huggingface-hub
  Downloading huggingface_hub-0.22.2-py3-none-any.whl.metadata (12 kB)
Collecting filelock (from huggingface-hub)
  Downloading filelock-3.13.3-py3-none-any.whl.metadata (2.8 kB)
Collecting fsspec>=2023.5.0 (from huggingface-hub)
  Downloading fsspec-2024.3.1-py3-none-any.whl.metadata (6.8 kB)
Requirement already satisfied: packaging>=20.9 in e:\anaconda3\envs\
openai\lib\site-packages (from huggingface-hub) (24.0)
Requirement already satisfied: pyyaml>=5.1 in e:\anaconda3\envs\openai\
lib\site-packages (from huggingface-hub) (6.0.1)
--중간 생략--
Downloading fsspec-2024.3.1-py3-none-any.whl (171 kB)
   ---------------------------------------- 0.0/172.0 kB ? eta -:--:--
   ---------------------------------------- 172.0/172.0 kB 3.4 MB/s eta
0:00:00
Downloading filelock-3.13.3-py3-none-any.whl (11 kB)
Installing collected packages: fsspec, filelock, huggingface-hub
Successfully installed filelock-3.13.3 fsspec-2024.3.1 huggingface-
hub-0.22.2
```

5. 마지막으로 스트림릿 라이브러리도 설치합니다. 스트림릿(streamlit)은 파이썬으로
   머신러닝을 위한 웹 애플리케이션을 빠르고 쉽게 개발할 수 있는 오픈 소스 라이브러
   리입니다.

   랭체인과 함께 사용할 스트림릿 라이브러리를 다음과 같이 설치합니다.

```
!pip install streamlit
```

```
Collecting streamlit
  Downloading streamlit-1.32.2-py2.py3-none-any.whl.metadata (8.5 kB)
Collecting altair<6,>=4.0 (from streamlit)
  Downloading altair-5.2.0-py3-none-any.whl.metadata (8.7 kB)
Collecting blinker<2,>=1.0.0 (from streamlit)
  Downloading blinker-1.7.0-py3-none-any.whl.metadata (1.9 kB)
--중간 생략--
Installing collected packages: pytz, watchdog, tzdata, toolz, toml,
tenacity, smmap, rpds-py, pyarrow, protobuf, pkgutil-resolve-name,
pillow, packaging, mdurl, MarkupSafe, importlib-resources, click,
cachetools, blinker, attrs, referencing, pandas, markdown-it-py, jinja2,
gitdb, rich, pydeck, jsonschema-specifications, gitpython, jsonschema,
altair, streamlit
  Attempting uninstall: packaging
    Found existing installation: packaging 24.0
    Uninstalling packaging-24.0:
      Successfully uninstalled packaging-24.0
Successfully installed MarkupSafe-2.1.5 altair-5.2.0 attrs-23.2.0
blinker-1.7.0 cachetools-5.3.3 click-8.1.7 gitdb-4.0.11 gitpython-3.1.42
importlib-resources-6.4.0 jinja2-3.1.3 jsonschema-4.21.1 jsonschema-
specifications-2023.12.1 markdown-it-py-3.0.0 mdurl-0.1.2 packaging-23.2
pandas-2.0.3 pillow-10.2.0 pkgutil-resolve-name-1.3.10 protobuf-4.25.3
pyarrow-15.0.2 pydeck-0.8.1b0 pytz-2024.1 referencing-0.34.0 rich-13.7.1
rpds-py-0.18.0 smmap-5.0.1 streamlit-1.32.2 tenacity-8.2.3 toml-0.10.2
toolz-0.12.1 tzdata-2024.1 watchdog-4.0.0
```

4.2.3 키 발급

LLM API를 사용하기 위해서는 해당 LLM에 대한 키를 발급받아야 합니다. 예제에 필요한 오픈AI와 허깅페이스 키를 발급받아 보겠습니다.

오픈AI API 키 발급

먼저 오픈AI 키를 받겠습니다. 다음 단계를 잘 따라와주세요.

1. 오픈AI 웹사이트에 접속합니다. 오른쪽 상단에 **Log in / Sign up** 버튼이 있습니다. 계정이 없다면 **Sign up**을 클릭하여 회원 가입부터 진행합니다.

   - https://platform.openai.com

▼ **그림 4-22** 오픈AI 웹사이트

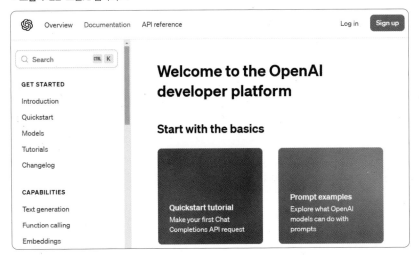

2. 이미 계정이 있거나, 회원 가입이 완료되었으면 **Log in** 버튼을 클릭합니다. 다음과 같이 계정을 입력하는 창이 나타나면, 사용 중인 계정을 입력하고 **Continue** 버튼을 클릭합니다.

▼ **그림 4-23** 계정 입력 화면

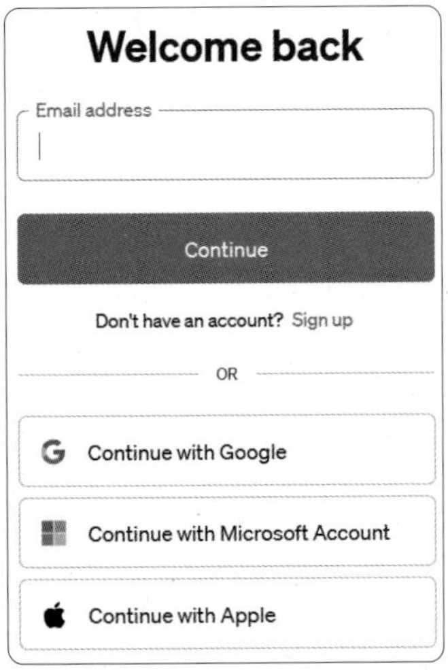

3. 로그인하면 페이지 왼쪽에 다음과 같은 메뉴가 보입니다.

▼ **그림 4-24** 추가된 메뉴

4. 메뉴 중 자물쇠 그림에 마우스를 올려놓으면 다음과 같이 하위 메뉴가 나타나는데, 여기서 **API Keys**를 클릭합니다.

▼ **그림 4-25** API Keys 클릭

5. API 키를 생성할 수 있는 화면이 나왔습니다. 저는 이미 생성해 놓은 키 두 개가 있는 상태입니다. 그 아래에 있는 **Create new secret key**를 클릭합니다.

▼ **그림 4-26** Create new secret key 클릭

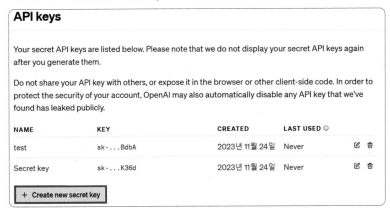

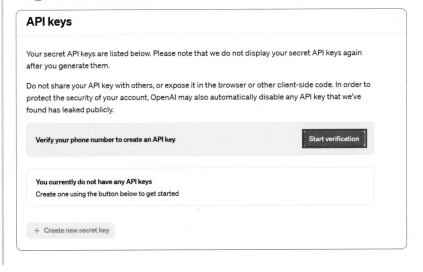

사용 중인 휴대폰 전화번호를 입력합니다.

▼ 그림 4-28 전화번호 입력

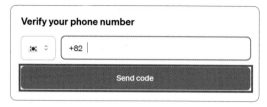

휴대폰 번호로 인증 코드를 받아서 인증을 완료합니다. 만약 다음과 같은 문구가 나타난다면 해당 휴대폰 번호가 이미 등록되어 있다는 뜻입니다. **Continue**를 클릭합니다.

▼ 그림 4-29 Continue 버튼 클릭

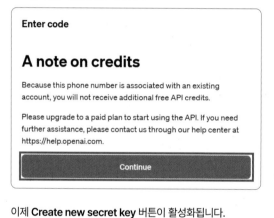

이제 **Create new secret key** 버튼이 활성화됩니다.

6. 원하는 키 이름을 입력한 후 **Create secret key** 버튼을 클릭합니다.

▼ 그림 4-30 키 이름 입력

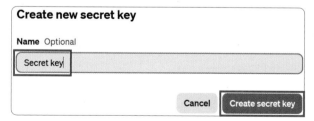

7. 그러면 다음과 같이 'sk-'로 시작하는 새로운 키가 생성됩니다. 생성된 키를 복사해서 다른 곳(메모장)에 저장한 후에 **Done**을 클릭합니다.

▼ **그림 4-31** 오픈AI API 키 생성

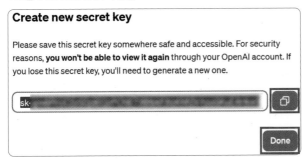

8. 오픈AI API 키를 발급받았습니다. 파이썬 코드에서 "sk-" 부분에 생성된 키를 입력합니다. 이후 코드에서도 "sk-" 부분이 있을 경우, 내 오픈AI API 키를 넣어야 합니다. API 키가 없으면 코드가 동작하지 않으니 반드시 필요합니다.

`코드`

```
import os
os.environ["OPENAI_API_KEY"] = "sk-"  #openai 키 입력
```

오픈AI 키 유료 구매

오픈AI 키는 무료로 사용할 수 있지만 토큰 및 요청 수에 제약이 있습니다.

▼ **그림 4-32** 무료 시 제약[1]

MODEL	TOKEN LIMITS	REQUEST AND OTHER LIMITS
gpt-3.5-turbo	40,000 TPM	3 RPM 200 RPD
text-embedding-ada-002	150,000 TPM	3 RPM 200 RPD
tts-1		3 RPM 200 RPD
whisper-1		3 RPM 200 RPD

---

1   https://platform.openai.com/account/limits

다음 표에서 RPM(Requests per Minute)은 분당 처리할 수 있는 요청 수로 3개밖에 지원하지 않으며, 텍스트 관련 모델도 gpt-3.5-turbo만 지원합니다. 또한 TPM(Tokens per Minute)은 분당 처리할 수 있는 토큰 수로서 40,000 토큰만 지원하기 때문에 40,000 토큰이 넘어가면 문장이 잘리거나 애플리케이션이 동작하지 않을 수 있습니다.

이러한 환경에서는 실습을 진행하기 어렵기 때문에 API를 구매하여 진행하는 것을 권장합니다.

▼ 그림 4-33 오픈AI 무료 버전

MODEL	RPM	RPD	TPM	TPD
gpt-3.5-turbo	3	200	40,000	
text-embedding-ada-002	3	200	150,000	
whisper-1	3	200		
tts-1	3	200		
dall-e-2	5 img/min			
dall-e-3	1 img/min			

유료 키 발급은 다음과 같이 진행해주세요.

1. 오픈AI 'Billing settings' 페이지에 접근한 후 로그인합니다.

   • https://platform.openai.com/account/billing/overview

2. 또는 왼쪽 메뉴 중 **Settings** › **Billing**을 클릭합니다.

   ▼ 그림 4-34 Billing 클릭

   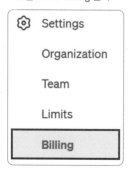

3. 그러면 다음과 같은 화면이 나타나는데, 이처럼 'Free trial'이라고 되어 있으면 무료 API란 뜻입니다. **Add payment details**를 클릭합니다.

▼ **그림 4-35** Add payment details 클릭

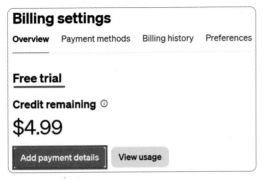

4. 개인 용도로 사용할 예정이므로 **Individual**을 선택합니다. 기업에서 사용하는 용도라면 **company**를 선택합니다.

▼ **그림 4-36** Individual 클릭

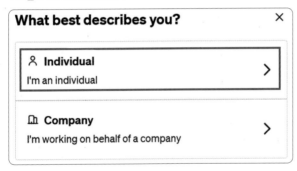

5. 다음 항목별로 카드 정보를 입력한 후 **Continue**를 클릭합니다. 참고로 모든 항목을 다 채워야 합니다.

▼ 그림 4-37 카드 정보 입력

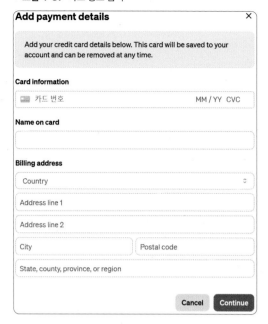

6. 기본으로 설정된 $10를 구매하고, 자동 충전은 다음과 같이 비활성화합니다. 이어서 Continue를 클릭합니다.

▼ 그림 4-38 초기 구매 비용 설정

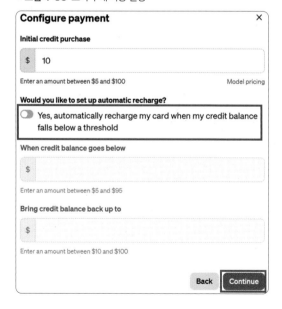

7. 마지막으로 구매 정보를 보여줍니다. 확인하고 **Confirm payment**를 클릭합니다.

▼ 그림 4-39 Confirm payment 클릭

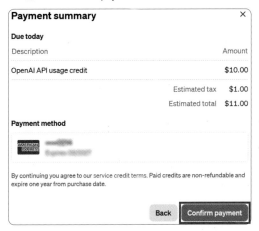

8. 그러면 다음과 같이 화면이 바뀝니다. 앞에서는 'Free trial'였는데 현재 화면에서는 'Pay as you go'로 바뀌었죠?

▼ 그림 4-40 유료 키로 변경된 상태 표시

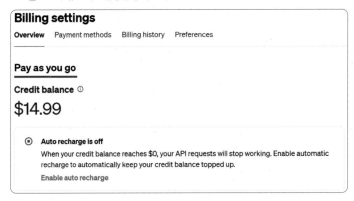

9. 이제 다음과 같이 사용 가능한 모델, 분당 처리할 수 있는 요청 수 및 토큰 수가 늘어났습니다.

▼ **그림 4-41** 유료 구매 후 사용 가능한 모델들

MODEL	RPM	RPD	TPM	TPD
gpt-4	500	10,000	10,000	-
gpt-4-1106-preview*	500	10,000	150,000	500,000
gpt-4-vision-preview*	80	500	10,000	-
gpt-3.5-turbo	3,500	10,000	60,000	-
text-embedding-ada-002	500	10,000	1,000,000	-
whisper-1	50	-	-	-
tts-1	50	-	-	-
tts-1-hd	3	-	-	-
dall-e-2	5 img/min	-	-	-
dall-e-3	5 img/min	-	-	-

허깅페이스 LLM 사용 키

다음으로 허깅페이스의 LLM 키를 받아보겠습니다. 언어 모델을 개발하는 측면에서 허깅페이스는 오픈AI와 유사하지만 모델을 제공하는 방식에서 차이가 있습니다. 오픈AI의 경우 LLM 모델을 상업적으로 배포하는 반면(앞에서도 유료로 키를 사용하는 방법에 대해 알아봤습니다), 허깅페이스는 오픈 소스 기반으로 누구나 무료로 사용할 수 있는 생태계를 조성하는 데 중점을 두고 있습니다.

그럼 이제 허깅페이스 LLM을 사용하기 위한 키를 받아볼까요?

1. 다음 허깅페이스 웹사이트에 접속합니다. 허깅페이스 계정이 있다면 메일 주소(혹은 사용자 이름)와 패스워드를 입력해 로그인합니다.

    *   https://huggingface.co/settings/tokens

    ▼ 그림 4-42 로그인 화면

2. 계정이 없다면 **Sign Up**을 클릭합니다. 오픈AI는 대부분의 사람들이 계정을 생성해서 사용하고 있지만 허깅페이스는 그렇지 않을 것이므로 회원 가입부터 진행하겠습니다. **Sign Up**을 클릭하고 'Join' 화면에서 사용할 메일 계정과 패스워드를 입력한 후 **Next**를 클릭합니다.

    ▼ 그림 4-43 메일 계정과 패스워드 입력

3. 다음과 같이 프로필에 대한 항목을 입력합니다. Username과 Full name만 입력하고 맨 아래 체크 박스에 체크한 후 **Create Account**를 클릭합니다. 참고로 Username에는 이름, Full name에는 성과 이름을 모두 입력합니다.

▼ **그림 4-44** 계정 생성

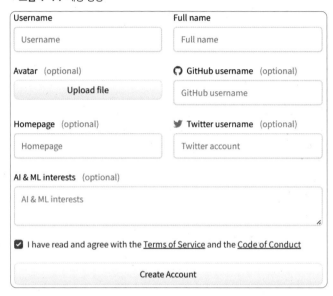

4. 계정을 생성하려면 퍼즐을 풀어야 합니다. **Begin** 버튼을 클릭합니다.

▼ **그림 4-45** Begin 클릭

5. 퍼즐을 다 풀었으면 **Submit** 버튼을 클릭합니다.

▼ **그림 4-46** Submit 버튼 클릭

Solve the puzzle
Place a dot at the end of the car's path
Submit
English

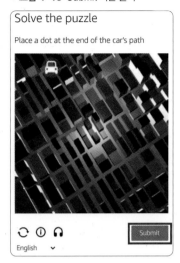

6. 그럼 다음과 같은 화면이 나타나는데, 메일 계정 확인을 위해 **2**단계에서 입력했던 메일의 메일함으로 이동합니다.

▼ **그림 4-47** 메일 계정 확인

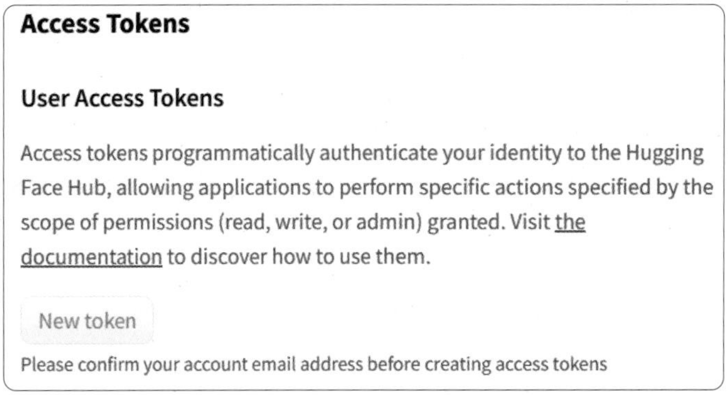
Access Tokens
User Access Tokens
Access tokens programmatically authenticate your identity to the Hugging Face Hub, allowing applications to perform specific actions specified by the scope of permissions (read, write, or admin) granted. Visit the documentation to discover how to use them.
New token
Please confirm your account email address before creating access tokens

7. 메일함을 확인하면 다음과 같은 메일이 하나 도착해 있습니다. 링크를 클릭합니다.

▼ **그림 4-48** 메일 주소 확인

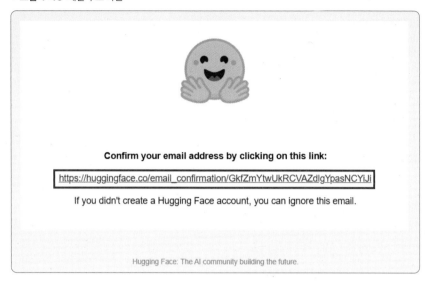

8. 그러면 다음의 화면이 나오면서 회원 가입이 완료됩니다.

▼ **그림 4-49** 회원 가입 완료

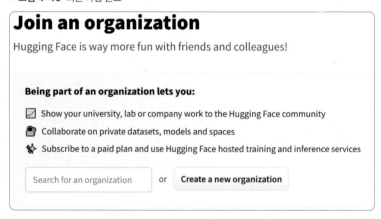

9. 다시 허깅페이스 웹사이트(https://huggingface.co/settings/tokens)로 돌아오면 토큰을 생성할 수 있는 버튼이 활성화되어 있습니다. **Create new token** 버튼을 클릭합니다.

▼ **그림 4-50** Create new token 버튼 클릭

Access Tokens

User Access Tokens   + Create new token

10. Token type에는 'Read'를 선택하고 Token name에는 'Secret key'를 입력한 후 **Create token** 버튼을 클릭합니다. (앞서 오픈AI 키를 발급할 때도 이야기했지만, 원하는 이름으로 작성해도 됩니다. 여기서는 똑같이 Secret Key라고 썼지만 두 키는 별개이므로 이름이 동일할 필요는 없습니다.)

▼ **그림 4-51** Generate a token 버튼 클릭

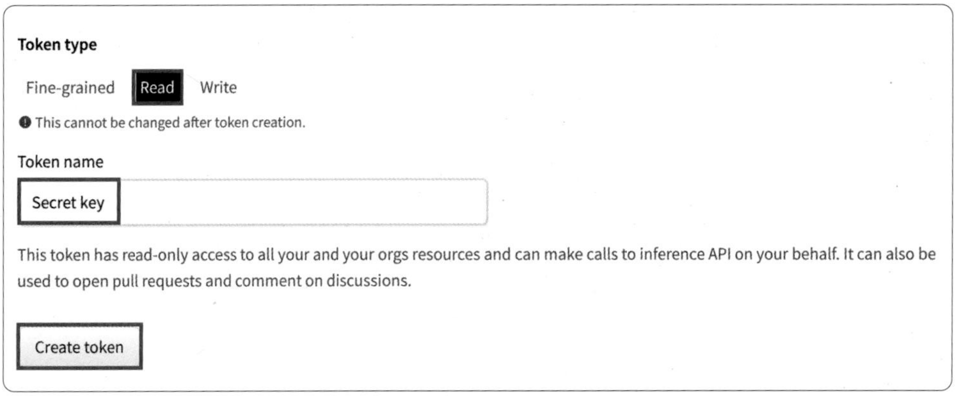

Token type

Fine-grained   Read   Write
❶ This cannot be changed after token creation.

Token name

Secret key

This token has read-only access to all your and your orgs resources and can make calls to inference API on your behalf. It can also be used to open pull requests and comment on discussions.

Create token

11. 다음과 같이 토큰이 생성되었습니다. Copy 버튼을 클릭하여 키를 복사합니다. 참고로 키는 'hf_'로 시작합니다. 복사한 키는 오픈AI 키와 함께 메모장에 따로 저장합니다.

▼그림 4-52 키 복사

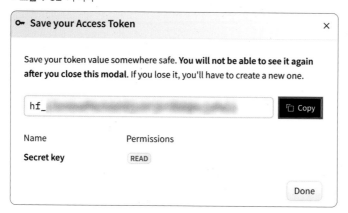

12. 마지막으로 아나콘다에서 실행합니다. 마찬가지로 "hf_"로 시작하는 부분에 앞에서 저장한 키를 입력합니다.

`코드`

```
import os
os.environ["HUGGINGFACEHUB_API_TOKEN"] = "hf_"   #허깅페이스 키 입력
```

이것으로 랭체인을 사용하기 위한 사전 준비를 마쳤습니다.

4.3 랭체인 주요 모듈

이제 랭체인 주요 모듈을 파이썬 코드와 함께 알아보겠습니다.

랭체인은 앞서 설명했듯이 LLM을 잘 활용할 수 있도록 도와주는 모듈의 모음입니다. 모듈에 대한 구성은 다음 그림과 같습니다.

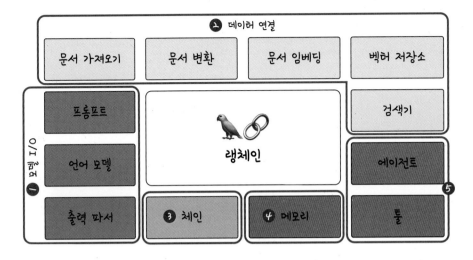

- 모델 I/O

- 데이터 연결

- 체인

- 메모리

- 에이전트/툴

지금부터 이 모듈들을 하나씩 자세히 알아보겠습니다.

4.3.1 모델 I/O

모델 I/O(Model I/O)는 언어 모델과 상호 작용을 위한 모듈입니다. LLM과 상호 작용을 한다는 것은 일반적으로 다음과 같은 작업들을 의미합니다.

- LLM에 전달될 프롬프트 생성

- 답변을 받기 위해 모델 API 호출

- 답변에 대한 출력

▼ **그림 4-54** 모델 I/O의 역할

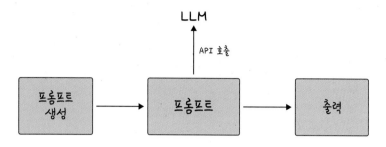

즉, 모델 I/O는 LLM과의 상호작용을 위해 입력과 출력뿐만 아니라 LLM API 호출도 담당하기 때문에 다음과 같은 구성 요소로 이루어져 있습니다.

▼ **그림 4-55** 모델 I/O

프롬프트는 입력 데이터와 검색 결과에 대한 것을 의미하며, 언어 모델은 LLM을 포함하여 채팅 모델, 임베딩 모델에 대한 API 호출 역할을 담당합니다.

LLM은 일반적으로 텍스트를 출력하는데, 보다 구조화된 정보를 얻고 싶을 때 출력 파서(Output Parsers)를 이용합니다. 즉, 출력 파서는 모델에 출력 형식을 알려주고 원하는 형식으로 출력되도록 파싱하는 것을 담당합니다.

참고로 파싱은 컴퓨터가 쓰여진 코드나 데이터를 읽고 이해할 수 있게 도와주는 역할을 합니다. 예를 들어 컴퓨터가 웹사이트의 HTML 코드를 읽을 때 파서는 그 코드를 하나하나 살펴보면서 '아, 여기가 새로운 문단이 시작되는 구간이구나' 또는 '이 부분은 사진을 보여주는 곳이네' 하고 알려주는 것이죠.

파이썬에서 실행해보기

모델 I/O가 파이썬에서 어떻게 활용되는지 알아보기 위해 아나콘다에 접속해볼까요? 아나콘다에서 다음 라이브러리를 설치합니다. 다음 코드는 한 줄씩 실행하세요. (책에서는 기존의 설치 유무와 관계 없이 각각의 실습을 진행하는 데 필요한 라이브러리를 항상 소개하니, 이 점 참고해주세요.)

코드

```
!pip install langchain
!pip install openai
!pip install huggingface-hub
```

프롬프트 생성

이제 본격적으로 모델 I/O에 대해 알아볼 텐데요. 실행해볼 코드는 프롬프트와 관련된 것입니다. 프롬프트 생성을 위해 PromptTemplate을 사용합니다. PromptTemplate은 LLM에 문장을 전달하기 전에 문장 구성을 편리하게 만들어주는 역할을 합니다. 즉, 말 그대로 LLM이 어떤 문장을 만들어야 하는지를 알려주는 역할을 하죠. 다음은 제품(product)만 바꾸고 나머지 문구는 고정해서 출력하는 PromptTemplate에 대한 사용 예시입니다.

코드

```
from langchain import PromptTemplate
template = "{product}를 홍보하기 위한 좋은 문구를 추천해줘?"

prompt = PromptTemplate(
    input_variables=["product"],
    template=template,
```

```
)
prompt.format(product="카메라")
```

제품(product)에 카메라를 입력하면 다음과 같은 결과를 보여줍니다.

카메라를 홍보하기 위한 좋은 문구를 추천해줘?

LLM 호출

이번에는 LLM을 호출하는 부분에 대해 알아보겠습니다. LLM은 오픈AI와 아랍에미리트의 연구 기관에서 제공하는 모델을 사용합니다. 프롬프트는 다음과 같이 "진희는 강아지를 키우고 있습니다. 진희가 키우고 있는 동물은?"이며, 이에 따라 모델을 거쳐 나오는 결과인 컴플리션은 '강아지'가 되어야 합니다.

▼ 그림 4-56 모델 호출 시나리오

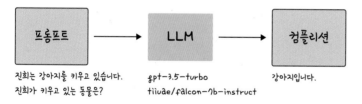

먼저 오픈AI에서 제공하는 gpt-4 모델을 불러와서 결과를 확인해보겠습니다. 참고로 오픈AI에서 제공하는 모델은 다음 URL에서 확인할 수 있습니다.

• https://platform.openai.com/docs/models/gpt-4-and-gpt-4-turbo

다양한 모델로 바꿔가면서 테스트해보세요.

코드

```
import os
os.environ["OPENAI_API_KEY"] = "sk- " #openai 키 입력
```

```
from langchain.chat_models import ChatOpenAI
llm1 = ChatOpenAI(temperature=0,   #창의성 0으로 설정
                  model_name='gpt-4',  #모델명
                  )

prompt = "진희는 강아지를 키우고 있습니다. 진희가 키우고 있는 동물은?"
print(llm1.predict(prompt))
```

결과가 강아지라고 정확히 보여줍니다.

강아지입니다.

참고

키 입력 안내

앞에서 받은 오픈AI 키를 입력하는 것을 잊지 마세요. 아나콘다에서 새로운 주피터 노트북을 실행하거나, 코랩
에서 '새 노트'를 실행할 때마다 "sk-"로 시작하는 키를 입력해야 합니다. 이제 이 부분은 다 잘 하실 거라 믿고
더 이상 언급하지 않겠습니다.

이번에는 아랍에미리트의 연구 기관에서 제공하는 모델을 살펴보겠습니다. 허깅페이스에
서 제공하는 모델은 주로 오픈 소스 모델로 다음 URL에서 확인할 수 있습니다.

• https://huggingface.co/models?pipeline_tag=text-generation&sort=downloads

특히 예제로 진행할 falcon-7b-instruct는 아랍에미리트의 연구 기관에서 개발한 모델
로 자연어 처리 작업을 수행하도록 설계되었습니다. 앞에서 실행했던 오픈AI LLM과 비
교하면서 살펴보세요.

코드

```
import os
os.environ["HUGGINGFACEHUB_API_TOKEN"] = "hf_"  #허깅페이스 키 입력

from langchain import HuggingFaceHub
llm2 = HuggingFaceHub(repo_id = 'tiiuae/falcon-7b-instruct'
```

```
prompt = "진희는 강아지를 키우고 있습니다. 진희가 키우고 있는 동물은?"
completion = llm2(prompt)
print(completion)
```

실행 결과는 다음과 같습니다. 답변이 상당히 불완전하죠? 이런 이유로 오픈AI에서 제공하는 LLM이 각광을 받고 있는지도 모르겠습니다.

실행 결과

```
진희는 강아지를 키우고 있습니다. 진희가 키우고 있는 동물은?
미물은 키우고 있는 미물은?
미물은 키우고 있는 미물은?
```

모델 성능 비교

참고로 랭체인에서 제공하는 ModelLaboratory을 이용하면 모델의 성능을 비교해볼 수도 있습니다. llm1은 오픈AI, llm2는 아랍에미리트의 연구 기관에서 제공하는 모델입니다.

코드

```
from langchain.model_laboratory import ModelLaboratory
model_lab = ModelLaboratory.from_llms([llm1, llm2])
model_lab.compare("대한민국의 가을은 몇 월부터 몇 월까지야?")
```

그러면 다음과 같은 답변을 주는데, 오픈AI LLM은 비교적 정확한 답변을 주는 반면에 아랍에미리트의 연구 기관에서 제공하는 LLM은 답변을 주지 못합니다. 역시 실행 결과는 매번 다를 수 있습니다.

실행 결과

```
Input:
대한민국의 가을은 몇 월부터 몇 월까지야?

client=<openai.resources.chat.completions.Completions object at
0x00000259A2C9F040> async_client=<openai.resources.chat.completions.
AsyncCompletions object at 0x00000259A2CA4A90> model_name='gpt-4'
temperature=0.0 openai_api_key='sk-' openai_proxy=''
```

대한민국의 가을은 보통 9월부터 11월까지입니다.

```
HuggingFaceHub
Params: {'repo_id': 'tiiuae/falcon-7b-instruct', 'task': 'text-generation',
'model_kwargs': {}}
대한민국의 가을은 몇 월부터 몇 월까지야?
몇 월부터 몇 월까지야?
몇 월부터 몇 월까지야?
몇 월부터 몇 월까지야?
```

출력 파서

마지막으로 출력 파서에 대한 예제를 살펴보겠습니다. 랭체인에서 제공하는 출력 파서는 다음과 같은 것들이 있습니다.

- **PydanticOutputParser**: 입력된 데이터를 정의된 필드 타입에 맞게 자동으로 변환합니다.

- **SimpleJsonOutputParser**: JSON 형태로 결과를 반환합니다. 출력 결과 예시는 다음과 같습니다. (결과는 마지막 부분만 가져왔습니다.)

    실행 결과
    ```
    [{'birthdate': 'February 23, 1991', 'birthplace': 'Devon, England'}]
    ```

- **CommaSeparatedListOutputParser**: 콤마(,)로 구분하여 결과를 반환합니다. 출력 결과 예시는 다음과 같습니다.

    실행 결과
    ```
    ['LG 트윈스', '두산 베어스', 'KIA 타이거즈', 'SK 와이번스', '롯데 자이언츠']
    ```

- **DatetimeOutputParser**: 날짜/시간 형태로 결과를 반환합니다. 출력 결과 예시는 다음과 같습니다.

    실행 결과
    ```
    1969-07-20 20:17:40
    ```

- **XMLOutputParser**: XML 형태로 결과를 반환합니다. 출력 결과 예시는 다음과 같습니다.

```
{'teams': [{'team': 'LG Twins'}, {'team': 'Doosan Bears'}, {'team': 'Kia
Tigers'}, {'team': 'Samsung Lions'}, {'team': 'NC Dinos'}]}
```

이 중에서 CommaSeparatedListOutputParser로 작성한 예제를 하나 살펴보겠습니다. 파서를 CommaSeparatedListOutputParser로 초기화한 후 출력 형식을 지정합니다.

코드

```
from langchain.output_parsers import CommaSeparatedListOutputParser
from langchain.prompts import PromptTemplate

from langchain.chat_models import ChatOpenAI
llm = ChatOpenAI(temperature=0,  #창의성 0으로 설정
                 max_tokens=2048,  #최대 토큰 수
                 model_name='gpt-4',  #모델명
                 )

output_parser = CommaSeparatedListOutputParser() #파서 초기화
format_instructions = output_parser.get_format_instructions() #출력 형식 지정

prompt = PromptTemplate(
    template="7개의 팀을 보여줘 {subject}.\n{format_instructions}",
    input_variables=["subject"],
    partial_variables={"format_instructions": format_instructions}
)
```

이제 지정된 CommaSeparatedListOutputParser 출력을 확인해보기 위해 "한국의 야구팀은?"이라고 질의해봅시다.

코드

```
query = "한국의 야구팀은?"

# 출력 결과 생성
output = llm.predict(text=prompt.format(subject=query))
```

```
# 출력에 대한 포맷 변경
parsed_result = output_parser.parse(output)
print(parsed_result)
```

그러면 앞에서 살펴봤던 형식으로 결과[2]를 보여줍니다.

```
['두산 베어스', '롯데 자이언츠', '삼성 라이온즈', 'SK 와이번스', 'KIA 타이거즈',
'LG 트윈스', 'NC 다이노스']
```

그럼 모델 I/O는 여기까지 알아보고 데이터 연결 부분으로 넘어가볼까요?

4.3.2 데이터 연결

데이터 연결(data connection)은 일반적인 데이터 분석 환경에서 ETL(Extract, Transform, Load)에 해당합니다. ETL은 데이터를 한 곳에서 다른 곳으로 옮기는 과정을 말하며, 세 단계로 나눠서 진행됩니다.

먼저 추출(extract) 단계에서는 여러 출처(예: 데이터베이스, 파일, 웹 서비스 등)로부터 필요한 데이터를 가져옵니다. 피자 만들기를 예로 들면 재료를 준비하는 단계로 다양한 장소에서 토마토, 치즈, 밀가루 등을 가져오는 것과 같습니다.

이후 변환(transform) 작업에서는 추출한 데이터를 분석하고 필요한 형태로 변환합니다. 피자 만들기에서 실제로 요리를 하는 단계로, 토마토로 소스를 만들고 밀가루로 반죽해서 피자 도우를 준비하는 단계입니다.

마지막으로 적재(load) 단계에서는 변환된 데이터를 최종 목적지인 데이터베이스나 데이터 웨어하우스[3]에 저장합니다. 최종적으로 피자를 오븐에 구운 후, 완성된 피자를 테이블 위에 올려놓는 과정입니다.

---

2 SK 와이번스의 경우, 이름이 바뀌기 전에 학습한 모델임을 참고해주세요.
3 많은 양의 데이터를 한데 모아 두는 커다란 저장소

따라서 데이터 연결에서는 다음과 같은 구성 요소가 있습니다.

- **문서 가져오기(document loaders)**: 다양한 출처에서 문서를 가져오는 것으로 ETL에서 추출(extract)에 해당됩니다.
- **문서 변환(document transformers)**: 입력 데이터를 청크(chunk)[4]로 분할하거나 다시 결합하는 작업, 필터링 작업 등을 쉽게 수행할 수 있는 기능을 제공합니다. ETL에서 변환(transform)에 해당됩니다.
- **문서 임베딩(embedding model)**: 복잡한 데이터를 간단한 형태(벡터)로 변환합니다.
- **벡터 저장소(vector stores)**: 입력 텍스트를 벡터로 변환하고 변환된 벡터를 저장/관리/검색할 수 있는 기능을 제공합니다. ETL에서 적재(load)에 해당됩니다.
- **검색기(retrievers)**: 언어 모델과 결합할 관련 문서를 가져오기 위한 것으로 정보 검색을 위한 역할을 합니다.

이 일련의 과정은 다음 그림과 같은 순서로 진행됩니다.

▼ **그림 4-57** 데이터 연결

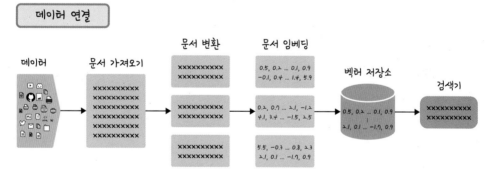

바로 이어서 파이썬에서 어떻게 활용하는지 알아봅시다.

파이썬에서 실행해보기

이제 랭체인의 모듈 중 데이터 연결에 대해 파이썬 코드로 알아볼 텐데요. 먼저 필요한 라이브러리를 설치합니다.

---

4 큰 데이터 덩어리를 다루기 쉬운 작은 조각으로 나눈 것

라이브러리 설치

```
!pip install langchain
!pip install openai
!pip install pypdf
!pip install tiktoken
!pip install faiss-cpu
!pip install sentence-transformers
```

필요한 라이브러리가 좀 많죠? 앞에서 배웠던 langchain과 openai를 제외한 나머지 라이브러리에 대해 알아보겠습니다.

- **pypdf**: 파이썬에서 PDF 파일을 다루기 위한 라이브러리입니다. PDF 파일을 읽거나 수정할 때 사용합니다.
- **tiktoken**: 오픈AI에서 제공하는 임베딩을 위한 라이브러리입니다. OpenAIEmbeddings 을 사용하기 위해 필요합니다.
- **faiss-cpu**: 페이스북(Facebook)의 AI 연구팀이 개발한 라이브러리로, 벡터의 유사도 검색을 위해 사용됩니다. 만약 사용하는 컴퓨터가 GPU를 지원한다면 '!pip install faiss-gpu'로 설치해주세요.
- **sentence-transformers**: 자연어 처리에서 문장 또는 단락을 벡터로 변환하기 위해 사용되는 라이브러리입니다.

PDF 파일 불러오기

예제 진행을 위해 PDF 파일을 불러와야 하는데, 파일은 'The_Adventures_of_Tom_Sawyer.pdf'을 사용하며 PyPDFLoader를 이용해서 불러옵니다. PDF 파일은 다음 URL에서 내려받을 수 있습니다.

- https://github.com/gilbutITbook/080413

여기에는 교재와 관련된 데이터 및 코드가 포함되어 있습니다. 내려받은 파일은 내 컴퓨터에 저장해주세요. 예를 들어 E 드라이브의 data라는 폴더(E:₩data)에 해당 파일을 내려받았다고 가정하고 예제를 진행하겠습니다. 만약 코랩에서 진행할 경우 파일을 업로드해야 하는데, 이 내용은 부록을 참조해주세요.

```
from langchain.document_loaders import PyPDFLoader

loader = PyPDFLoader("e:/data/The_Adventures_of_Tom_Sawyer.pdf")
document = loader.load()
document[5].page_content[:5000]
```

코드에서 document[5].page_content[:5000]의 의미는 PDF 6페이지 중 5,000글자를 읽어오라는 의미입니다. 일반적으로 페이지에 대한 인덱스는 0부터 시작하므로 document[0]이 1페이지, document[5]은 6페이지가 됩니다.

따라서 다음과 같이 『톰 소여의 모험』 PDF 파일의 6페이지를 보여줍니다.

실행 결과

```
Chapter 1    The Fence

Tom Sawyer lived with his aunt because his mother and
father were dead. Tom didn't like going to school, and he didn't like
working. He liked playing and having adventures. One Friday, he didn't go
to school—he went to the river.
Aunt Polly was angry. "You're a bad boy!" she said.
"Tomorrow you can't play with your friends because you didn't go to school
today. Tomorrow you're going to work for me. You can paint the fence."
Saturday morning, Tom was not happy, but he started to
paint the fence. His friend Jim was in the street.
Tom asked him, "Do you want to paint?"
Jim said, "No, I can't. I'm going to get water."
Then Ben came to Tom's house. He watched Tom and
said, "I'm going to swim today. You can't swim because you're working."
Tom said, "This isn't work. I like painting."
```

```
"Can I paint, too?" Ben asked.
"No, you can't," Tom answered. "Aunt Polly asked me
because I'm a very good painter."
Ben said, "I'm a good painter, too. Please, can I paint? I
have some fruit. Do you want it?"
OK," Tom said. "Give me the fruit. Then you can paint."
Ben started to paint the fence. Later, many boys came to
Tom's house. They watched Ben, and they wanted to paint, too.
Tom said, "Give me some food and you can paint."
```

임베딩 처리

데이터를 가져왔으니 이제 임베딩 처리를 해야겠죠? 임베딩은 오픈AI에서 제공하는 임베딩 모델을 사용하며, 벡터 데이터베이스로 파이스를 사용합니다.

코드

```
import os
os.environ["OPENAI_API_KEY"] = "sk-"  #openai 키 입력

from langchain.vectorstores import FAISS
from langchain.embeddings import OpenAIEmbeddings

embeddings = OpenAIEmbeddings()  #임베딩 처리
db = FAISS.from_documents(document, embeddings)
```

여기서 잠깐, 임베딩에 대한 예제를 조금 더 살펴보겠습니다. "진희는 강아지를 키우고 있습니다. 진희가 키우고 있는 동물은?"이란 질문을 벡터로 바꿔볼 건데요. 이때 OpenAIEmbeddings와 HuggingFaceEmbeddings라는 임베딩 모델을 사용할 겁니다.

▼ **그림 4-58** 임베딩 시나리오

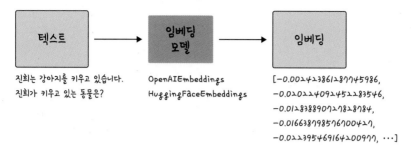

먼저 OpenAIEmbeddings 모델을 이용해서 문장을 벡터로 바꿔보겠습니다.

코드

```
text = "진희는 강아지를 키우고 있습니다. 진희가 키우고 있는 동물은?"
text_embedding = embeddings.embed_query(text)
print(text_embedding)
```

다음과 같이 문장이 숫자의 나열인 벡터로 바뀝니다.

실행 결과

```
[-0.002423861287745986, -0.020224092452283546, -0.012838890727828784,
-0.016638798576700427, -0.022395469164200977, 0.02858136397298829,
-0.027697665512866593,
--중간 생략--
0.03756985054213939, 0.020135722978800404, -0.017421502554564903,
0.006280578183641354, 0.005510497351905817]
```

또 다른 모델을 이용해볼까요? HuggingFaceEmbeddings 모델을 사용해봅시다.

코드

```
from langchain.embeddings import HuggingFaceEmbeddings
embeddings = HuggingFaceEmbeddings(model_name = "sentence-transformers/all-
MiniLM-L6-v2")

text = "진희는 강아지를 키우고 있습니다. 진희가 키우고 있는 동물은?"
text_embedding = embeddings.embed_query(text)
print(text_embedding)
```

역시 숫자들의 나열인 벡터로 바뀌었습니다.

```
[0.013278789818286896, 0.07225915044546127, 0.09263099730014801,
-0.003979528322815895, 0.001561709912493825, -0.10306376963853836,
0.10929877310991287, 0.05566203221678734,
--중간 생략--
0.010524079203605652, 0.016324682161211967, 0.04119262471795082,
0.04389982298016548, 0.011871972121298313]
```

이처럼 동일한 문장이어도 임베딩 모델에 따라 벡터는 다르게 표현될 수 있습니다.

검색기 활용

이제 원하는 질문에 답변할 수 있도록 검색기(RetrievalQA)를 활용합니다. "마을 무덤에 있던 남자를 죽인 사람은 누구니?"라고 물어보겠습니다. 『톰 소여의 모험』과 관련된 내용으로 물어보면 됩니다.

이 파일이 영문임에도 불구하고 한글이 얼마나 잘 인식되는지 확인하고자 한글로 질문을 해봤습니다. LLM 모델은 오픈AI에서 제공하는 gpt-3.5-turbo을 사용합니다.

코드

```
from langchain.chat_models import ChatOpenAI
llm = ChatOpenAI(temperature=0,  #창의성 0으로 설정
                model_name='gpt-3.5-turbo',  #모델명
                )

from langchain.chains import RetrievalQA
retriever = db.as_retriever()

qa = RetrievalQA.from_chain_type(
    llm=llm,
    chain_type="stuff",
    retriever=retriever)
```

```
query = "마을 무덤에 있던 남자를 죽인 사람은 누구니?"
result = qa({"query": query})
print(result['result'])
```

그럼 다음과 같이 답변해줍니다. 한글로 질문했음에도 잘 답변해주긴 하지만 영어라 아쉽네요.

실행 결과

마을 무덤에서 남자를 죽인 사람은 Injun Joe입니다.

4.3.3 체인

체인(chain)은 말 그대로 여러 구성 요소를 조합해서 하나의 파이프라인[5]을 구성해주는 역할을 합니다.

예를 들어 다음 그림과 같이 텍스트(질문)가 입력되면 LLM1과 LLM2를 거쳐서 텍스트(결과)가 생성되는 일련의 과정을 하나의 파이프라인으로 구성하는 것이 체인입니다.

▼ **그림 4-59** 체인

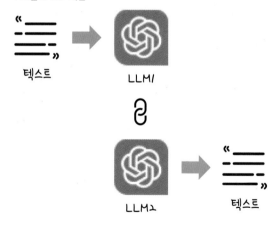

---

5   일련의 처리 단계를 순차적으로 연결한 구조

파이썬에서 실행해보기

체인을 파이썬 코드로 알아보기 위해 필요한 라이브러리를 설치합니다.

코드

```
!pip install langchain
!pip install openai
```

일반적으로 체인은 LLMChain을 사용합니다. 다음 예제에서 역시 LLMChain으로 간단하게
프롬프트와 모델을 연결해주었습니다.

코드

```
from langchain.chains import LLMChain
from langchain import PromptTemplate
from langchain.chat_models import ChatOpenAI
import os
os.environ["OPENAI_API_KEY"] = "sk- " #openai 키 입력

llm = ChatOpenAI(temperature=0,   #창의성 0으로 설정
                 model_name='gpt-4',   #모델명
                 )

prompt = PromptTemplate(
  input_variables=["country"],
  template= "{country}의 수도는 어디야?",
)

chain = LLMChain(llm=llm, prompt=prompt) #프롬프트와 모델을 체인으로 연결
chain.run("대한민국")
```

대한민국의 수도를 물어보는 질문에 '서울'이라고 정확하게 답변합니다.

실행 결과

```
대한민국의 수도는 서울입니다.
```

이번에는 좀 더 복잡한 체인을 만들어볼까요? SequentialChain을 사용해 체인 두 개를 연결하고, output_key를 사용해 각각의 결과를 확인하겠습니다.

다음은 영어 문장을 한글로 번역한 후 그 문장을 다시 한 문장으로 요약하는 예제입니다

코드

```python
#프롬프트1 정의
prompt1 = PromptTemplate(
    input_variables=['sentence'],
    template="다음 문장을 한글로 번역하세요.\n\n{sentence}"
)
#번역(체인1)에 대한 모델
chain1 = LLMChain(llm=llm, prompt=prompt1, output_key="translation")

#프롬프트2 정의
prompt2 = PromptTemplate.from_template(
    "다음 문장을 한 문장으로 요약하세요.\n\n{translation}"
)
#요약(체인2)에 대한 모델
chain2 = LLMChain(llm=llm, prompt=prompt2, output_key="summary")

from langchain.chains import SequentialChain
all_chain = SequentialChain(
    chains=[chain1, chain2],
    input_variables=['sentence'],
    output_variables=['translation','summary'],
)
#번역하고 요약해야 할 영어 문장
sentence="""
One limitation of LLMs is their lack of contextual information (e.g.,
access to some specific documents or emails). You can combat this by giving
LLMs access to the specific external data.
For this, you first need to load the external data with a document loader.
LangChain provides a variety of loaders for different types of documents
ranging from PDFs and emails to websites and YouTube videos.
"""

all_chain(sentence)
```

다음과 같이 영어 문장(sentence)을 한글로 번역(translation)한 후 그 문장을 다시 한 문장으로 요약(summary)해서 보여줍니다. 한 문장으로 번역되었다고 보기는 좀 애매하지만 처음보다 짧아지기는 했네요.

```
{'sentence': '\nOne limitation of LLMs is their lack of contextual
information (e.g., access to some specific documents or emails). You can
combat this by giving LLMs access to the specific external data.\nFor this,
you first need to load the external data with a document loader. LangChain
provides a variety of loaders for different types of documents ranging from
PDFs and emails to websites and YouTube videos.\n',
 'translation': 'LLM의 한 가지 제한점은 문맥 정보(예: 특정 문서나 이메일에 대한 접
근)의 부족입니다. 이를 극복하기 위해 LLM에게 특정 외부 데이터에 대한 접근 권한을 부
여할 수 있습니다.\n이를 위해 먼저 문서 로더를 사용하여 외부 데이터를 로드해야 합니다.
LangChain은 PDF와 이메일부터 웹사이트와 YouTube 비디오에 이르기까지 다양한 유형의
문서에 대한 로더를 제공합니다.',
 'summary': 'LLM의 문맥 정보 부족 문제는 특정 외부 데이터에 접근 권한을 부여하고,
LangChain의 문서 로더를 사용해 다양한 유형의 문서를 로드함으로써 극복할 수 있습니
다.'}
```

4.3.4 메모리

메모리(memory)는 말 그대로 데이터를 저장하는 공간입니다. 이때 데이터라고 하면 대화 과정에서 발생하는 데이터를 의미합니다. 특히 챗봇 같은 애플리케이션의 경우 이전 대화를 기억해야 하지만 LLM은 기본적으로 채팅 기록을 장기적으로 보관하지 않습니다. 따라서 대화 기록을 따로 저장해두어야 하는데, 이것을 도와주는 것이 메모리입니다. 참고로, 대화 내용은 다음과 같은 형태로 저장할 수 있습니다.

- 모든 대화 유지
- 최근 k개의 대화 유지
- 대화를 요약해서 유지

파이썬에서 실행해보기

메모리에 대한 것을 파이썬 코드로 알아보겠습니다. 가장 먼저 해야 할 일은 역시 필요한 라이브러리를 설치하는 것입니다.

코드

```
!pip install langchain
!pip install openai
```

앞에서의 대화 내용을 기억해서 답변을 제공하기 위해 ConversationChain을 사용합니다.

코드

```
import os
os.environ["OPENAI_API_KEY"] = "sk" #openai 키 입력

from langchain.chat_models import ChatOpenAI
llm = ChatOpenAI(temperature=0,   #창의성 0으로 설정
                 model_name='gpt-4',   #모델명
                 )

from langchain import ConversationChain
conversation = ConversationChain(llm=llm, verbose=True)

conversation.predict(input="진희는 강아지를 한마리 키우고 있습니다.")
conversation.predict(input="영수는 고양이를 두마리 키우고 있습니다.")
conversation.predict(input="진희와 영수가 키우는 동물은 총 몇마리?")
```

앞에서 했던 대화 내용을 저장했다가 마지막 질문(동물의 총 마리 수)에 답변을 해줍니다. 동물이 총 3마리라고 정확히 알려주네요.

실행 결과

```
> Entering new ConversationChain chain...
Prompt after formatting:
The following is a friendly conversation between a human and an AI. The AI
is talkative and provides lots of specific details from its context. If the
```

AI does not know the answer to a question, it truthfully says it does not know.

Current conversation:

Human: 진희는 강아지를 한마리 키우고 있습니다.
AI:

> Finished chain.

> Entering new ConversationChain chain...
Prompt after formatting:
The following is a friendly conversation between a human and an AI. The AI is talkative and provides lots of specific details from its context. If the AI does not know the answer to a question, it truthfully says it does not know.

Current conversation:
Human: 진희는 강아지를 한마리 키우고 있습니다.
AI: 그렇군요, 진희님이 강아지를 한 마리 키우고 계시다니 정말 멋진 일이네요. 강아지는 사람들에게 많은 행복을 주는 동물이니까요. 그런데, 진희님의 강아지는 어떤 종류인지, 이름은 무엇인지 알 수 있을까요?
Human: 영수는 고양이를 두마리 키우고 있습니다.
AI:

> Finished chain.

> Entering new ConversationChain chain...
Prompt after formatting:
The following is a friendly conversation between a human and an AI. The AI is talkative and provides lots of specific details from its context. If the AI does not know the answer to a question, it truthfully says it does not know.

Current conversation:
Human: 진희는 강아지를 한마리 키우고 있습니다.

AI: 그렇군요, 진희님이 강아지를 한 마리 키우고 계시다니 정말 멋진 일이네요. 강아지는 사람들에게 많은 행복을 주는 동물이니까요. 그런데, 진희님의 강아지는 어떤 종류인지, 이름은 무엇인지 알 수 있을까요?
Human: 영수는 고양이를 두마리 키우고 있습니다.
AI: 아, 영수님은 고양이를 두 마리나 키우고 계시군요. 고양이는 독립적이면서도 사랑스러운 동물이니, 영수님께서는 많은 즐거움을 느끼고 계실 것 같아요. 그런데, 영수님의 고양이들은 어떤 종류인지, 이름은 무엇인지 알려주실 수 있을까요?
Human: 진희와 영수가 키우는 동물은 총 몇마리?
AI:

> Finished chain.
'진희님이 한 마리의 강아지를 키우고 있고, 영수님이 두 마리의 고양이를 키우고 있으니, 진희와 영수가 키우는 동물은 총 세 마리입니다.'

4.3.5 에이전트/툴

LLM이 매우 강력한 모델임에는 분명하지만 여기에도 한계가 있습니다. 바로 학습을 마친 그 시점 이후의 사건이나 사실에 대해서는 정보가 전혀 없다는 것이죠. 또한 일반적인 데이터로 학습을 했기 때문에 특정한 산업(예: 의료)에 대해 특화되어 있지도 않죠. 이러한 한계를 극복하기 위해 사용할 수 있는 것이 에이전트와 툴입니다.

에이전트는 LLM을 이용해서 어떤 작업을 어떤 순서로 수행할지 결정하는 역할을 하는데, 이 작업에 툴이라는 것을 사용합니다.

툴은 특정 작업을 수행하기 위한 도구로 위키피디아나 마이크로소프트 빙처럼 LLM 이외의 다른 리소스를 의미합니다. 즉, '툴을 이용해서 특정 작업을 수행할 수 있는 에이전트를 구현한다'고 이해하면 됩니다.

예를 들어 챗GPT에 랭체인이 무엇이냐고 물으면 답변을 못 해줍니다. 당연하겠죠, 랭체인은 챗GPT가 학습을 마친 이후에 등장한 기술이니까요. 이럴 때 위키피디아나 마이크로소프트 빙 같은 툴과 연계하면 최신 기술에 대해서도 답변을 잘 해줄 수 있는 애플리케이션을 구현할 수 있습니다.

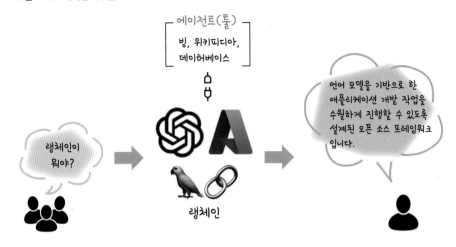

파이썬에서 실행해보기

에이전트를 파이썬 코드로 알아보기 위해 필요한 라이브러리를 먼저 설치합니다.

```
!pip install langchain
!pip install openai
!pip install wikipedia
!pip install numexpr
```

이번에는 지금까지 보지 못했던 위키피디아(wikipedia) 라이브러리가 등장하네요. 이 라이브러리를 사용하면 위키피디아에서 기사를 검색할 수 있습니다. 또한 numexpr이라는 라이브러리는 연산을 위해 사용됩니다.

다음은 에이전트가 위키피디아에서 에드 시런(영국 가수)의 생년월일을 조회한 후 계산기를 이용해 2024년 그의 나이를 계산하는 예제입니다.

```
import os
os.environ["OPENAI_API_KEY"] = "sk" #openai 키 입력

from langchain.chat_models import ChatOpenAI
llm = ChatOpenAI(temperature=0,   #창의성 0으로 설정
```

```
                model_name='gpt-4',  #모델명
                )

from langchain.agents import load_tools
from langchain.agents import initialize_agent
from langchain.agents import AgentType

tools = load_tools(["wikipedia", "llm-math"], llm=llm) #llm-math의 경우 나이
계산을 위해 사용
agent = initialize_agent(tools,
                         llm,
                         agent=AgentType.ZERO_SHOT_REACT_DESCRIPTION,
                         description='계산이 필요할 때 사용',
                         verbose=True)

agent.run("에드 시런이 태어난 해는? 2024년도 현재 에드 시런은 몇 살?")
```

예제에서 사용된 initialize_agent에 대해 좀 더 자세히 알아보겠습니다.

- **tools**: 에이전트가 접근할 수 있는 툴로 여기서는 위키피디아를 사용했습니다.

- **llm**: 에이전트로 사용할 언어 모델입니다.

- **AgentType.ZERO_SHOT_REACT_DESCRIPTION**: 툴의 용도와 사용 시기를 결정하는 에이전트입니다. 따라서 이것을 사용하는 경우, 툴마다 설명(description)을 제공해야 합니다. AgentType에는 ZERO_SHOT_REACT_DESCRIPTION 외에도 몇 가지가 더 있습니다.

    1. REACT_DOCSTORE: 이 에이전트는 질문에 답하기 위해, 관련 정보를 조회할 수 있는 검색 도구가 필요합니다.

    2. CONVERSATIONAL_REACT_DESCRIPTION: 메모리를 사용하여 과거에 시도했던 대화를 기억합니다.

initialize_agent가 사용할 수 있는 에이전트 리스트는 다음 URL에서 확인할 수 있습니다.

- https://api.python.langchain.com/en/latest/agents/langchain.agents.initialize. initialize_agent.html

그럼 앞의 코드를 실행한 결과를 알아볼까요? 참조한 문서들을 보여주고 거기서 정보를 가져와서 질문에 대해 답변을 해주네요.

실행 결과

```
> Entering new AgentExecutor chain...
The question is asking for the year Ed Sheeran was born and how old he
would be in 2024. First, I need to find out when Ed Sheeran was born.
Action: wikipedia
Action Input: Ed Sheeran
Observation: Page: Ed Sheeran
Summary: Edward Christopher Sheeran  ( SHEER-┌n; born 17 February 1991) is
an English singer-songwriter. Born in Halifax, West Yorkshire, and raised
in Framlingham, Suffolk, he began writing songs around the age of eleven.
In early 2011, Sheeran independently released the extended play No. 5
Collaborations Project. He signed with Asylum Records the same year.
--중간 생략--
Page: Ed Sheeran discography
Summary: The discography of English singer-songwriter Ed Sheeran consists of
seven studio albums, seventeen extended plays, one video album, sixty-five
singles (including twenty-eight as a featured artist), eight promotional
singles, one box set, and seventy-one music videos. As of October 2021,
Sheeran has sold over 150 million records worldwide, making him one of
the best-selling music artists in history. According to RIAA, Sheeran is
the 13th best-selling digital singles artist in the United States with
certified sales of 80.5 million.Originally an indie artist selling music
independently on his own label starting in 2005, Sheeran released nine EPs,
steadily gaining public and critical acclaim, resulting in his signing to
Atlantic Records in January 2011. Five months later, Sheeran released his
first single, "The A Team", on 12 June 2011.
Thought:Ed Sheeran was born on 17 February 1991. Now I need to calculate
how old he would be in 2024.
Action: Calculator
Action Input: 2024 - 1991
Observation: Answer: 33
Thought:I now know the final answer
Final Answer: 에드 시런은 1991년에 태어났으며, 2024년에는 33살이 됩니다.

> Finished chain.
[5]: '에드 시런은 1991년에 태어났으며, 2024년에는 33살이 됩니다.'
```

랭체인으로
RAG 구현하기

이제 랭체인에 익숙해졌을까요? 앞에서 배운 LLM의 개념과 랭체인 활용 방법을 기반으로 이 장에서는 실제로 서비스를 구현해보겠습니다. 랭체인을 이용하면 RAG를 쉽게 구현할 수 있습니다. 5장에서는 랭체인과 LLM을 이용해서 여덟 가지 서비스를 만들어보겠습니다. 실습 결과를 웹페이지에서 확인하기 위해 5장부터는 아나콘다에서 진행해주세요.

각 서비스마다 사용하는 라이브러리는 다음과 같습니다. 아래 내용은 각 절에서도 확인할 수 있습니다.

5.1절 간단한 챗봇 만들기

라이브러리	langchain, openai, streamlit
언어 모델	gpt-4-0314
임베딩 모델	–
벡터 데이터베이스	–

5.2절 RAG 기반의 챗봇 만들기

라이브러리	langchain, openai, unstructured, sentence-transformers, chromadb
언어 모델	gpt-3.5-turbo
임베딩 모델	text-embedding-ada-002
벡터 데이터베이스	크로마(chroma)

5.3절 PDF 요약 웹사이트 만들기

라이브러리	langchain, streamlit, PyPDF2, sentence-transformers
언어 모델	gpt-3.5-turbo-16k
임베딩 모델	text-embedding-ada-002
벡터 데이터베이스	파이스(FAISS)

5.4절 독립형 질문 챗봇 만들기

라이브러리	langchain, streamlit, PyPDF2
언어 모델	gpt-4o
임베딩 모델	text-embedding-ada-002
벡터 데이터베이스	파이스(FAISS)

5.5절 대화형 챗봇 만들기

라이브러리	langchain, streamlit, streamlit_chat, faiss-cpu
언어 모델	gpt-4
벡터 데이터베이스	파이스(FAISS)

5.6절 번역 서비스 만들기

라이브러리	Langchain, openai, streamlit
언어 모델	gpt-4
임베딩 모델	-

5.7절 메일 작성기 만들기

라이브러리	langchain, streamlit, openai
언어 모델	gpt-4
임베딩 모델	-

5.8절 CSV 파일 분석하기

라이브러리	langchain_experimental, openai
언어 모델	gpt-4o
임베딩 모델	-

5.1
SECTION / 간단한 챗봇 만들기

챗GPT 모델로 챗봇 서비스를 만들어 보겠습니다. 이 예제는 단순히 챗GPT 모델을 가져와서 챗봇을 만드는 것으로, RAG 구현 방식은 아닙니다.

챗봇 생성은 스트림릿(streamlit)을 사용합니다. 스트림릿은 데이터 시각화 및 웹 애플리케이션을 파이썬으로 쉽게 만들 수 있도록 도와주는 오픈 소스 라이브러리입니다. 스트림릿을 사용하기 위해서는 아나콘다를 설치하고 실행해야 합니다.

실습에서 사용할 라이브러리 및 언어 모델에 대한 정보는 다음 표를 참조해주세요.

▼ 표 5-1 실습 환경

라이브러리	langchain, openai, streamlit
언어 모델	gpt-4-0314
임베딩 모델	–
벡터 데이터베이스	–

아나콘다 가상 환경에 접속하여 필요한 라이브러리를 설치하고 코드를 작성합니다. 다음 코드는 한 줄씩 실행하세요.

코드

```
!pip install langchain
!pip install streamlit
!pip install openai
```

설치가 끝났으면 앞에서 실행한 명령어는 주석 처리해줍니다. 주석 처리는 다음과 같이 ! 앞에 #을 붙여주면 됩니다. 그래야 나중에 스트림릿을 실행할 때 오류가 발생하지 않습니다.

코드

```
#!pip install langchain
#!pip install streamlit
#!pip install openai
```

이제 다음 코드를 실행합니다. 코드가 상당히 짧죠? RAG 구성을 사용하지 않기 때문에 코드가 짧습니다. 단순히 gpt-4 모델에서 제공하는 정보만 활용하겠다는 의미입니다. 챗봇 서비스는 스트림릿을 이용해서 웹페이지로 보여줄 예정입니다.

코드

```python
import streamlit as st
from langchain.chat_models import ChatOpenAI
st.set_page_config(page_title="🔍💬 뭐든지 질문하세요~ ")
st.title('🔍💬 뭐든지 질문하세요~ ')

import os
os.environ["OPENAI_API_KEY"] = "sk-"  #openai 키 입력

def generate_response(input_text):  #llm이 답변 생성
    llm = ChatOpenAI(temperature=0,   #창의성 0으로 설정
                model_name='gpt-4-0314',  #모델명
                )
    st.info(llm.predict(input_text))

with st.form('Question'):
    text = st.text_area('질문 입력:', 'What types of text models does OpenAI
provide?') #첫 페이지가 실행될 때 보여줄 질문
    submitted = st.form_submit_button('보내기')
    generate_response(text)
```

'gpt-4-0314' 모델은 챗GPT의 다음 버전 모델입니다. 그리고 'gpt-4-0314' 모델을 불러올 때 temperature라는 것도 함께 지정해줬는데요. temperature는 모델이 얼마나 정확한 답변을 제공할지 결정하는 파라미터입니다. temperature=0으로 지정하면 모델이 가장 정확한 답변만 제공합니다. 따라서 LLM이 생성한 결과는 예측 가능하고 일관성 있지만 창의성은 떨어질 수 있습니다. 반면에 temperature가 높은 값을 가지면 모델이 제공하는 답변의 정확성은 좀 떨어질 수 있지만 창의적입니다. 이때 창의적이라는 것은 답변이 좀 더 유연하다는 의미입니다.

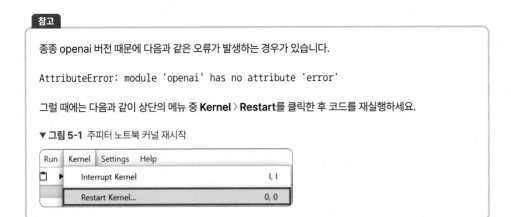

참고

종종 openai 버전 때문에 다음과 같은 오류가 발생하는 경우가 있습니다.

```
AttributeError: module 'openai' has no attribute 'error'
```

그럴 때에는 다음과 같이 상단의 메뉴 중 **Kernel** › **Restart**를 클릭한 후 코드를 재실행하세요.

▼ **그림 5-1** 주피터 노트북 커널 재시작

Run	Kernel	Settings	Help	
	Interrupt Kernel			I, I
	Restart Kernel...			0, 0

이제 애플리케이션을 실행해야 하지만, 앞에서 코드를 실행해도 아무런 반응이 없을 것입니다. 스트림릿은 실행하는 방법이 조금 다릅니다. 확인 방법이 간단하지는 않으니 잘 따라오세요.

스트림릿으로 결과 확인하기

1. 코드를 실행했던 주피터 노트북의 **Save and Export Notebook As...** › **Executable Script**을 클릭합니다.

▼ **그림 5-2** Python 파일로 다운로드

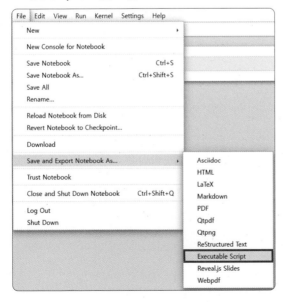

148

2. 파일이 다운로드 되었다면 다음과 같이 'chat.py'로 이름을 바꿔줍니다. (참고로 뒤의 .py는 파이썬 파일임을 나타내는 확장자입니다. 자칫 chat.py.py라는 이름을 쓰지 않도록 주의하세요.)

▼ **그림 5-3** 이름 변경하기

3. 해당 파일을 아나콘다의 가상 환경이 설치된 다음의 위치로 이동시킵니다.

   C:\Users\〈사용자 계정〉\anaconda3\envs\llm\Scripts

   저의 경우, 위치는 다음과 같습니다.

   C:\Users\jyseo\anaconda3\envs\llm\Scripts

4. 윈도우 시작 버튼에 마우스 우측 버튼을 클릭하여 **실행**을 클릭합니다.

▼ **그림 5-4** 실행 클릭

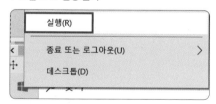

5. 열기에 **cmd**를 입력하고 **확인**을 클릭합니다.

▼ **그림 5-5** cmd 입력

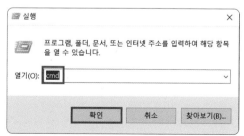

6. 아나콘다가 설치된 위치의 가상 환경 경로로 이동합니다. 이동은 다음과 같이 cd 명령어를 이용하면 됩니다.

C:\Users\jyseo>**cd C:\Users\jyseo\anaconda3\envs\llm\Scripts**

Scripts까지 경로를 이동한 이유는 streamlit.exe 파일이 그곳에 있기 때문입니다. 여러분은 자신이 사용하는 경로로 이동하세요.

▼ 그림 5-6 경로 이동

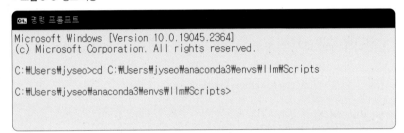

7. 앞에서 '!pip install streamlit' 명령어를 실행했다면 Scripts 폴더에 streamlit.exe 파일이 생성되었을 것입니다. 'C:\Users\〈사용자 계정〉\anaconda3\envs\llm\Scripts' 위치에 streamlit.exe와 chat.py 파일이 있는지 확인합니다.

▼ 그림 5-7 두 파일 확인

8. cmd 창에서 다음을 입력한 후 엔터 키를 누릅니다.

C:\Users\jyseo\anaconda3\envs\llm\Scripts>**streamlit run chat.py**

▼ **그림 5-8** 명령어 입력

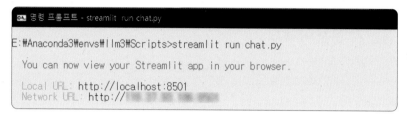

```
명령 프롬프트
Microsoft Windows [Version 10.0.19045.2364]
(c) Microsoft Corporation. All rights reserved.

C:₩Users₩jyseo>cd C:₩Users₩jyseo₩anaconda3₩envs₩llm₩Scripts

C:₩Users₩jyseo₩anaconda3₩envs₩llm₩Scripts>streamlit run chat.py
```

9. 그러면 다음과 같이 추가적인 정보를 보여주면서 웹페이지가 하나 뜹니다.

▼ **그림 5-9** 명령어 실행

```
명령 프롬프트 - streamlit run chat.py

E:₩Anaconda3₩envs₩llm3₩Scripts>streamlit run chat.py

  You can now view your Streamlit app in your browser.

  Local URL: http://localhost:8501
  Network URL: http://
```

10. 실행된 웹페이지는 다음과 같은 화면을 보여줍니다. 파이썬 코드에서 첫 페이지가 실행될 때 'What types of text models does OpenAI provide?' 질문을 했으므로 그에 대한 답변도 함께 보여주고 있네요.

▼ **그림 5-10** 웹페이지

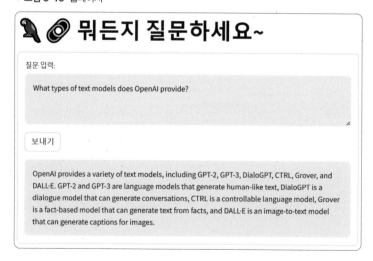

이때 웹페이지 주소는 앞에서 보여줬던 주소와 동일합니다.

▼ 그림 5-11 웹페이지 주소

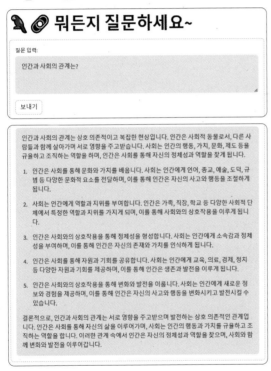

11. 그럼 이제 질문해봅시다. 다음과 같이 "인간과 사회의 관계는?"이라고 물어보면 일반 적인 답변을 해줍니다. (참고로 새로운 질문을 할 때에는 기존 질문을 삭제하고 진행해야 합니다.)

▼ 그림 5-12 질문에 대한 답변

🦾 ⚙ 뭐든지 질문하세요~

질문 입력:

인간과 사회의 관계는?

보내기

인간과 사회의 관계는 상호 의존적이고 복잡한 현상입니다. 인간은 사회적 동물로서, 다른 사람들과 함께 살아가며 서로 영향을 주고받습니다. 사회는 인간의 행동, 가치, 문화, 제도 등을 규율하고 조직하는 역할을 하며, 인간은 사회를 통해 자신의 정체성과 역할을 찾게 됩니다.

1. 인간은 사회를 통해 문화와 가치를 배웁니다. 사회는 인간에게 언어, 종교, 예술, 도덕, 규범 등 다양한 문화적 요소를 전달하며, 이를 통해 인간은 자신의 사고와 행동을 조절하게 됩니다.

2. 사회는 인간에게 역할과 지위를 부여합니다. 인간은 가족, 직장, 학교 등 다양한 사회적 단체에서 특정한 역할과 지위를 가지게 되며, 이를 통해 사회와의 상호작용을 이루게 됩니다.

3. 인간은 사회와의 상호작용을 통해 정체성을 형성합니다. 사회는 인간에게 소속감과 정체성을 부여하며, 이를 통해 인간은 자신의 존재와 가치를 인식하게 됩니다.

4. 인간은 사회를 통해 자원과 기회를 공유합니다. 사회는 인간에게 교육, 의료, 경제, 정치 등 다양한 자원과 기회를 제공하며, 이를 통해 인간은 생존과 발전을 이루게 됩니다.

5. 인간은 사회와의 상호작용을 통해 변화와 발전을 이룹니다. 사회는 인간에게 새로운 정보와 경험을 제공하며, 이를 통해 인간은 자신의 사고와 행동을 변화시키고 발전시킬 수 있습니다.

결론적으로, 인간과 사회의 관계는 서로 영향을 주고받으며 발전하는 상호 의존적인 관계입니다. 인간은 사회를 통해 자신의 삶을 이루어가며, 사회는 인간의 행동과 가치를 규율하고 조직하는 역할을 합니다. 이러한 관계 속에서 인간은 자신의 정체성과 역할을 찾으며, 사회와 함께 변화와 발전을 이루어갑니다.

어때요? 몇 줄 안 되는 코드로 간단한 챗봇을 만들 수 있었습니다. 이렇게 간단하게 애플리케이션을 뚝딱 만들 수 있는 것은 모두 랭체인과 스트림릿 덕분이죠. 물론 LLM 모델도 우리가 직접 개발할 필요 없이 API만 가져다 사용하면 되니 상당히 편리합니다.

5.2 / RAG 기반의 챗봇 만들기

SECTION

이번에는 랭체인과 챗GPT로 RAG 기반의 챗봇 서비스를 구현해보겠습니다.

▼ **그림 5-13** 랭체인과 챗GPT로 RAG 기반의 챗봇 만들기

다음과 같은 요소들을 이용하여 서비스를 만들어볼 예정입니다.

▼ **표 5-2** 실습 환경

라이브러리	langchain, openai, unstructured, sentence-transformers, chromadb
언어 모델	gpt-3.5-turbo
임베딩 모델	text-embedding-ada-002
벡터 데이터베이스	크로마(chroma)

이번에는 RAG를 구현할 것이므로 나만의 데이터가 필요합니다. 책의 예제에서는 위키피디아에서 찾은 'AI' 검색 결과를 텍스트(text)로 저장해둔 파일을 사용합니다.

가장 먼저 사용할 라이브러리를 설치합니다. 다음 코드를 한 줄씩 실행하세요.

코드

```
!pip install unstructured
!pip install sentence-transformers
!pip install chromadb
!pip install openai
!pip install langchain-openai
```

앞에서 다루지 않았던 라이브러리에 대해 알아봅시다.

- **unstructured**: 텍스트 파일 같은 구조화되지 않은 데이터를 다루는 데 사용합니다.
- **chromadb**: 벡터를 저장하고 유사도 검색을 지원합니다.
- **langchain-openai**: 오픈AI의 대규모 언어 모델(예, GPT 등)과 통합하여 다양한 자연어 처리 및 생성 작업을 쉽게 수행할 수 있도록 도와주는 파이썬 라이브러리입니다.

설치가 정상적으로 완료되었으면 텍스트 파일(AI.txt)을 가져옵니다. 텍스트 파일은 앞에서 이미 언급했던 다음 URL에서 내려받을 수 있습니다.

- https://github.com/gilbutITbook/080413

파일을 불러오는 것은 TextLoader를 이용합니다. TextLoader는 말 그대로 텍스트 파일을 가져올 때 사용합니다.

코드

```
from langchain.document_loaders import TextLoader
documents = TextLoader("e:/data/AI.txt").load()  #AI.txt 파일 위치 지정
```

이번에는 문장을 청크로 분할합니다. 이것은 큰 덩어리의 문서를 작은 덩어리로 분할하는 과정으로 랭체인에서 제공하는 RecursiveCharacterTextSplitter을 이용합니다.

코드

```
from langchain.text_splitter import RecursiveCharacterTextSplitter

#문서를 청크로 분할
def split_docs(documents,chunk_size=1000,chunk_overlap=20):
  text_splitter = RecursiveCharacterTextSplitter(chunk_size=chunk_size,
chunk_overlap=chunk_overlap)
    docs = text_splitter.split_documents(documents)
    return docs

#docs 변수에 분할 문서를 저장
docs = split_docs(documents)
```

벡터 데이터베이스인 크로마에 임베딩 처리된 벡터를 저장합니다. 임베딩 처리는 오픈AI의 text-embedding-ada-002 모델을 사용합니다.

코드

```
from langchain_openai import OpenAIEmbeddings api_key="sk-"
embeddings = OpenAIEmbeddings(model="text-embedding-ada-002", api_key=api_key)

#Chromdb에 벡터 저장
from langchain.vectorstores import Chroma
db = Chroma.from_documents(docs, embeddings, persist_directory="d:/data")

# 영구 저장소로 d:/data 위치 지정
```

참고로 청크로 나누고 임베딩 처리해서 크로마에 데이터를 저장하는 것은 다음 단계에 해당됩니다.

▼ **그림 5-14** 임베딩 및 크로마에 벡터 저장

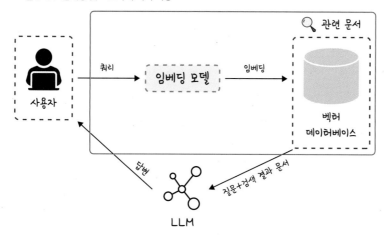

텍스트 파일에서 관련 내용을 찾아서 LLM에 제공하면, LLM이 답변을 생성합니다.

코드

```
from langchain.chat_models import ChatOpenAI
model_name = "gpt-3.5-turbo"  #gpt-3.5-turbo 모델 사용
```

```
llm = ChatOpenAI(model_name=model_name, api_key=api_key)

#Q&A 체인을 사용하여 쿼리에 대한 답변 얻기
from langchain.chains.question_answering import load_qa_chain
chain = load_qa_chain(llm, chain_type="stuff",verbose=True)

#쿼리를 작성하고 유사도 검색을 수행하여 답변을 생성, 따라서 텍스트에 있는 내용을 질의
해야 합니다.
query = "AI란?"
matching_docs = db.similarity_search(query)
answer =  chain.run(input_documents=matching_docs, question=query)
answer
```

답변 생성 결과는 다음과 같습니다. 붉은색으로 표시된 부분은 텍스트 파일의 내용이며
마지막 문단이 LLM이 생성한 것입니다. 문장이 많이 요약된 것 같지는 않지만 한글로 보
여주네요.

실행 결과

```
> Entering new StuffDocumentsChain chain...

> Entering new LLMChain chain...
Prompt after formatting:
System: Use the following pieces of context to answer the user's question.
If you don't know the answer, just say that you don't know, don't try to
make up an answer.
----------------
Artificial intelligence (AI) is the intelligence of machines or software,
as opposed to the intelligence of humans or animals. It is a field of study
in computer science that develops and studies intelligent machines. Such
machines may be called AIs.

AI technology is widely used throughout industry, government, and science.
Some high-profile applications are: advanced web search engines (e.g.,
Google Search), recommendation systems (used by YouTube, Amazon, and
Netflix), understanding human speech (such as Google Assistant, Siri, and
```

Alexa), self-driving cars (e.g., Waymo), generative and creative tools (ChatGPT and AI art), and superhuman play and analysis in strategy games (such as chess and Go).[1]

The various sub-fields of AI research are centered around particular goals and the use of particular tools. The traditional goals of AI research include reasoning, knowledge representation, planning, learning, natural language processing, perception, and support for robotics.[a] General intelligence (the ability to complete any task performable by a human) is among the field's long-term goals.[11]

To solve these problems, AI researchers have adapted and integrated a wide range of problem-solving techniques, including search and mathematical optimization, formal logic, artificial neural networks, and methods based on statistics, operations research, and economics.[b] AI also draws upon psychology, linguistics, philosophy, neuroscience and other fields.[12]

Alan Turing was the first person to carry out substantial research in the field that he called Machine Intelligence.[2] Artificial intelligence was founded as an academic discipline in 1956.[3] The field went through multiple cycles of optimism[4][5] followed by disappointment and loss of funding.[6][7] Funding and interest vastly increased after 2012 when deep learning surpassed all previous AI techniques,[8] and after 2017 with the transformer architecture.[9] This led to the AI spring of the 2020s, with companies, universities, and laboratories overwhelmingly based in the United States pioneering significant advances in artificial intelligence.[10]
Human: AI란?

> Finished chain.

> Finished chain.
'AI는 인간이나 동물의 지능과는 달리 기계나 소프트웨어의 지능을 의미합니다. 컴퓨터 과학 분야에서 개발되고 연구되는 AI는 인공 지능이라고 불리기도 합니다. AI 기술은 산업, 정부, 과학 분야에서 널리 사용되며 구글 검색, 유튜브, 아마존, 넷플릭스의 추천 시스템, 구글 어시스턴트, 시리, 알렉사와 같은 음성 인식, 웨이모와 같은 자율 주행 자동차, ChatGPT와 AI 아트와 같은 창조적인 도구, 체스와 바둑과 같은 전략 게임에서의 초인간 수준의 플레이와 분석 등이 대표적인 응용 분야입니다. AI 연구의 여러 하위 분야는 특정

한 목표와 도구의 사용을 중심으로 한다고 합니다. Alan Turing은 기계 지능이라고 부르는 분야에서 중요한 연구를 수행한 첫 번째 사람으로 인공 지능은 1956년 학문 분야로 성립되었습니다. 이후 2012년 이후 딥 러닝이 이전의 모든 AI 기술을 능가하면서 AI에 대한 흥미와 투자가 크게 증가했으며 2017년 이후 transformer 아키텍처가 등장하면서 AI 분야에서 큰 발전이 이루어졌습니다. 이로 인해 2020년대 AI 분야에서 미국을 중심으로 한 기업, 대학, 연구소가 중요한 발전을 이뤄내고 있습니다.'

간단히 랭체인에서 RAG를 구현하는 방법을 알아봤습니다. 실습한 챗봇 서비스가 웹페이지, 애플리케이션 등에서 실행된 것이 아니라서 좀 아쉽다면 다음 예제를 이어서 진행해 주세요. 다음 절에서는 웹사이트를 만들고 거기서 PDF 파일을 요약해보겠습니다.

5.3 / PDF 요약 웹사이트 만들기

이번 예제는 PDF 파일을 요약해주는 서비스입니다. 웹페이지에 PDF 파일을 업로드하면 요약해서 보여주는 것이죠. 이를 위해 필요한 라이브러리와 언어 모델은 다음과 같습니다.

▼ 표 5-3 실습 환경

라이브러리	langchain, streamlit, PyPDF2, sentence-transformers
언어 모델	gpt-3.5-turbo-16k
임베딩 모델	text-embedding-ada-002
벡터 데이터베이스	파이스(FAISS)

먼저 필요한 라이브러리를 설치합니다. PyPDF2는 PDF 파일을 읽고, 분할하고, 병합하고, 순서를 바꾸고, 추가하거나, 암호화하는 등의 작업을 할 수 있게 해주는 라이브러리입니다. 즉, 파이썬에서 PDF 파일을 처리하기 위한 라이브러리로 PyPDF와 유사한 기능을 제공합니다. 실행은 한 줄씩 해주세요.

```
!pip install langchain
!pip install streamlit
!pip install PyPDF2
!pip install langchain-openai
```

설치가 끝났으면 스트림릿에서 사용할 수 있도록 다음과 같이 모두 주석 처리합니다.

```
#!pip install langchain
#!pip install streamlit
#!pip install PyPDF2
#!pip install langchain-openai
```

이제 코드를 작성합니다. 코드 흐름은 다음과 같습니다. 사용자가 PDF 파일을 업로드하면 그것을 청크로 분할하고 임베딩 처리합니다. 그리고 LLM한테 해당 파일을 요약해 달라고 쿼리를 던지는 흐름입니다.

```
import os
from PyPDF2 import PdfReader
import streamlit as st
from langchain.text_splitter import CharacterTextSplitter
from langchain_openai import OpenAIEmbeddings
from langchain import FAISS
from langchain.chains.question_answering import load_qa_chain
from langchain.chat_models import ChatOpenAI
from langchain.callbacks import get_openai_callback
api_key="sk-"

def process_text(text):
#CharacterTextSplitter를 사용하여 텍스트를 청크로 분할
    text_splitter = CharacterTextSplitter(
        separator="\n",
```

```python
        chunk_size=1000,
        chunk_overlap=200,
        length_function=len
    )
    chunks = text_splitter.split_text(text)

    #임베딩 처리(벡터 변환), 임베딩은 text-embedding-ada-002 모델을 사용
    embeddings = OpenAIEmbeddings(model="text-embedding-ada-002", api_
key=api_key)
    documents = FAISS.from_texts(chunks, embeddings)
    return documents

def main(): #streamlit을 이용한 웹사이트 생성
    st.title("📄PDF 요약하기")
    st.divider()

    pdf = st.file_uploader('PDF파일을 업로드해주세요', type='pdf')

    if pdf is not None:
        pdf_reader = PdfReader(pdf)
        text = ""  #텍스트 변수에 PDF 내용을 저장
        for page in pdf_reader.pages:
            text += page.extract_text()

        documents = process_text(text)
        query = "업로드된 PDF 파일의 내용을 약 3~5문장으로 요약해주세요."  #LLM에
PDF파일 요약 요청

        if query:
            docs = documents.similarity_search(query)
            llm = ChatOpenAI(model="gpt-3.5-turbo-16k", api_key=api_key,
temperature=0.1)
            chain = load_qa_chain(llm, chain_type='stuff')
```

```
            with get_openai_callback() as cost:
                response = chain.run(input_documents=docs, question=query)
                print(cost)

            st.subheader('--요약 결과--:')
            st.write(response)

if __name__ == '__main__':
    main()
```

코드 중에서 마지막에 사용된 다음 코드에 대한 의미를 알아볼까요?

코드

```
if __name__ == '__main__':
    main()
```

이 코드는 '파이썬 파일이 사용자에 의해 직접 실행되면, main 함수를 실행하라'는 의미입니다. 이러한 방식은 파이썬 파일이 다른 파일에 의해 호출되어 사용될 때(import되어 사용될 때)와 직접 실행될 때를 구분해줍니다. 이것을 이해하기 위해서는 파이썬에 대한 지식이 필요하므로 어렵다면 굳이 이해하려 하지 말고 '아, 이렇게 사용하는구나'라는 정도로만 알고 넘어가세요.

이제 마지막으로 실행을 시켜야 하는데요. 5.1절에서 소개한 '스트림릿으로 결과 확인하기'를 참고하여 .py 확장자로 파일을 내려받은 후 pdf_summary.py로 이름을 바꿉니다. 이후 해당 파일을 'C:\Users\jyseo\anaconda3\envs\llm\Scripts'로 이동시키고 cmd 창에서 다음 명령어를 실행시킵니다.

```
C:\Users\jyseo\anaconda3\envs\llm\Scripts>streamlit run pdf_summary.py
```

그러면 다음과 같은 웹사이트 화면이 나타납니다.

▼ 그림 5-15 웹페이지

이제 PDF 파일 하나를 선택하여 드래그&드롭으로 파일을 옮겨 놓습니다. 그러면 다음과 같이 해당 파일을 요약해줍니다. 정확히 요약되었는지 검증하기 위해서는 질문자가 먼저 문서 내용을 파악하고 있어야겠네요.

▼ 그림 5-16 PDF 파일 업로드하여 요약해보기

5.4 / 독립형 질문 챗봇 만들기

SECTION

이번 예제에서는 내가 가지고 있는 PDF 파일을 이용하여 RAG를 구성해보겠습니다. 앞에서도 살펴봤듯이, RAG는 질문을 받으면 먼저 내가 가지고 있는 PDF 파일에서 내용을 찾아보고 질문과 찾은 결과를 LLM에 제공하여 답변을 하는 방식입니다.

▼ **그림 5-17** 예제 구현 시나리오

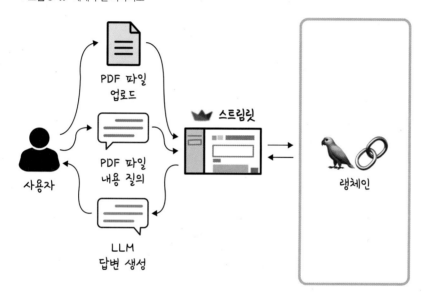

실습에 사용할 라이브러리 및 언어 모델은 다음과 같습니다.

▼ **표 5-4** 실습 환경

라이브러리	langchain, streamlit, PyPDF2
언어 모델	gpt-4o
임베딩 모델	text-embedding-ada-002
벡터 데이터베이스	파이스(FAISS)

먼저 필요한 라이브러리를 설치합니다. 그동안 설치했던 라이브러리와 동일하므로 따로 설명은 하지 않습니다. 실행은 한 줄씩 해주세요.

코드

```
!pip install langchain
!pip install streamlit
!pip install PyPDF2
!pip install langchain-openai
```

설치가 끝났으면 모두 주석 처리합니다.

코드

```
#!pip install langchain
#!pip install streamlit
#!pip install PyPDF2
#!pip install langchain-openai
```

설치한 라이브러리를 가져옵니다.

코드

```
import streamlit as st
from PyPDF2 import PdfReader
from langchain_openai import OpenAIEmbeddings
from langchain.chat_models import ChatOpenAI
from langchain.chains import ConversationalRetrievalChain, RetrievalQA
from langchain.memory import ConversationBufferWindowMemory
from langchain.vectorstores import FAISS
from langchain.document_loaders import PyPDFLoader
from langchain.text_splitter import RecursiveCharacterTextSplitter

api_key="sk-"
```

PDF 문서를 가져와서 텍스트를 추출하고 청크로 분할합니다. 분할된 청크는 임베딩 처리를 하고 파이스(FAISS)에 저장합니다. 이 모든 것은 다음과 같이 함수로 구현하여 나중에 호출해서 사용할 예정입니다.

```python
#PDF 문서에서 텍스트를 추출
def get_pdf_text(pdf_docs):
    text = ""
    for pdf in pdf_docs:
        pdf_reader = PdfReader(pdf)
        for page in pdf_reader.pages:
            text += page.extract_text()
    return text

#지정된 조건에 따라 주어진 텍스트를 더 작은 덩어리로 분할
def get_text_chunks(text):
    text_splitter = RecursiveCharacterTextSplitter(
        separators="\\n",
        chunk_size=1000,
        chunk_overlap=200,
        length_function=len
    )
    chunks = text_splitter.split_text(text)
    return chunks

#주어진 텍스트 청크에 대한 임베딩을 생성하고 파이스(FAISS)를 사용하여 벡터 저장소를
생성
def get_vectorstore(text_chunks):
    embeddings = OpenAIEmbeddings(model="text-embedding-ada-002", api_
key=api_key)
    vectorstore = FAISS.from_texts(texts=text_chunks, embedding=embeddings)
    return vectorstore
```

주고받은 대화는 ConversationBufferWindowMemory를 이용하여 저장하고, Conversational
RetrievalChain을 통해 챗봇에 쿼리를 전달합니다.

```python
#주어진 벡터 저장소로 대화 체인을 초기화
def get_conversation_chain(vectorstore):
    #ConversationBufferWindowMemory에 이전 대화 저장
```

```
    memory = ConversationBufferWindowMemory(memory_key='chat_history',
return_message=True)
    #ConversationalRetrievalChain을 통해 랭체인 챗봇에 쿼리 전송
    conversation_chain = ConversationalRetrievalChain.from_llm(
        llm=ChatOpenAI(temperature=0, model_name='gpt-4o', api_key=api_key),
        retriever=vectorstore.as_retriever(),
        get_chat_history=lambda h: h,
        memory=memory
    )
    return conversation_chain
```

PDF 파일을 업로드할 수 있는 버튼을 만들고 업로드된 PDF 파일은 앞에서 정의해둔 함수(get_text_chunks)를 호출하여 처리합니다.

코드

```
user_uploads = st.file_uploader("파일을 업로드해주세요~", accept_multiple_
files=True)
if user_uploads is not None:
    if st.button("Upload"):
        with st.spinner("처리중.."):
            #PDF 텍스트 가져오기
            raw_text = get_pdf_text(user_uploads)
            #텍스트에서 청크 검색
            text_chunks = get_text_chunks(raw_text)
            #PDF 텍스트 저장을 위해 파이스(FAISS) 벡터 저장소 만들기
            vectorstore = get_vectorstore(text_chunks)
            #대화 체인 만들기
            st.session_state.conversation = get_conversation_
chain(vectorstore)
```

스트림릿을 이용해 웹페이지 화면을 구성합니다.

코드

```
if user_query := st.chat_input("질문을 입력해주세요~"):
    #대화 체인을 사용하여 사용자의 메시지를 처리
    if 'conversation' in st.session_state:
        result = st.session_state.conversation({
            "question": user_query,
            "chat_history": st.session_state.get('chat_history', [])
        })
        response = result["answer"]
    else:
        response = "먼저 문서를 업로드해주세요~."
    with st.chat_message("assistant"):
        st.write(response)
```

이제 코드는 끝났지만 실행해도 결과가 나타나지 않죠? 역시 해당 파일을 .py 확장자로 내려받습니다. 이후 pdf_query.py로 이름을 바꾸고 파일을 'C:\Users\jyseo\anaconda3\envs\llm\Scripts'로 이동시킵니다. 마지막으로 cmd 창에서 다음의 명령어를 실행시킵니다.

C:\Users\jyseo\anaconda3\envs\llm\Scripts>**streamlit run pdf_query.py**

그러면 다음과 같은 결과가 나타납니다.

▼ **그림 5-18** 웹페이지 초기 화면

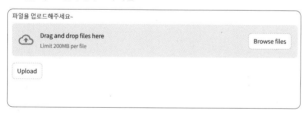

화면에 자신이 가지고 있는 아무 PDF 파일이나 업로드합니다. 버튼을 이용해도 되고, 드래그&드롭으로 옮겨놓아도 됩니다. 이후 **Upload** 버튼을 클릭합니다.

▼ **그림 5-19** 파일 업로드

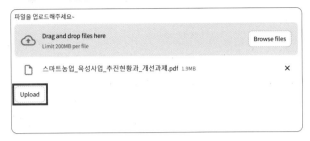

그러면 다음과 같이 '처리 중'이라고 과정을 보여줍니다. 이 과정은 파일 크기에 따라 시간이 좀 걸릴 수도 있습니다.

▼ **그림 5-20** 파일 업로드 중

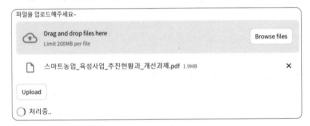

파일 업로드가 끝났으면 검색하고자 하는 단어 혹은 문구를 입력합니다.

▼ **그림 5-21** 질문 입력

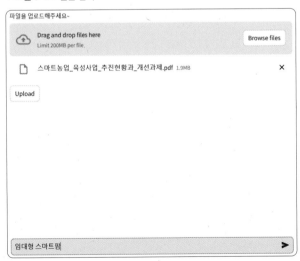

그러면 다음과 같은 질문에 대한 답변 결과를 보여줍니다.

▼ **그림 5-22** 질문에 대한 답변

또 다른 질문을 해볼까요?

▼ **그림 5-23** 추가 질문

대화형 챗봇을 구현한 것이 아니기 때문에 추가 질문을 하면 기존 질문에 대한 답변은 사
라집니다.

▼ **그림 5-24** 추가 질문에 대한 답변 생성 중

추가 질문에 대한 답변을 보여주네요. 역시 답변이 정확한지 확인하기 위해서는 질문자가 해당 문서를 정확히 습득하고 있어야 하겠죠?

▼ **그림 5-25** 추가 질문에 대한 답변

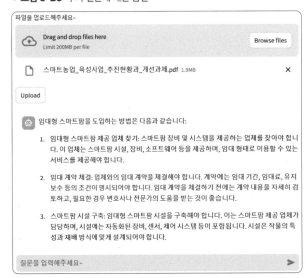

이 예제는 한 화면에서 하나의 질문에 대한 답변만 보여주는데요. 다음에는 대화형 챗봇에 대해 알아보겠습니다.

5.5 SECTION 대화형 챗봇 만들기

이번에 살펴볼 예제는 다음 챗GPT 사이트와 유사한 대화형 챗봇입니다. 예를 들어 https://chat.openai.com에 접속해서 대화형 채팅을 진행할 수 있습니다.

▼ **그림 5-26** https://chat.openai.com 사이트에서 대화형 채팅

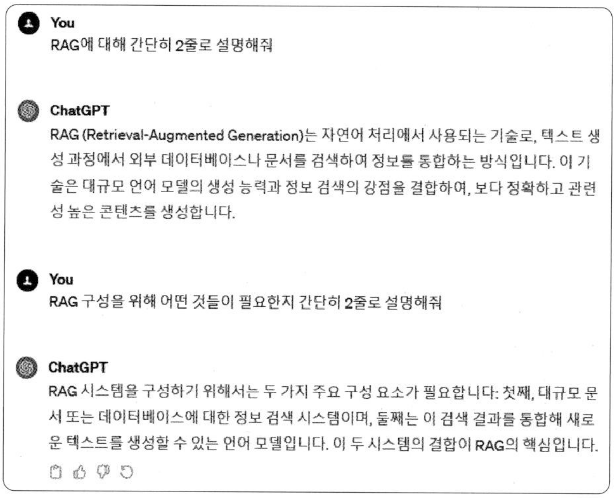

하지만 우리는 RAG에 관심이 있으니 단순히 LLM을 가져와서 대화형 챗봇을 만드는 것이 아니라 우리가 가지고 있는 데이터를 활용할 예정입니다.

▼ 그림 5-27 예제 시나리오

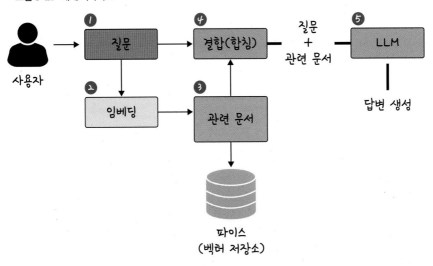

실습에 사용할 라이브러리 및 언어 모델은 다음과 같습니다.

▼ 표 5-5 실습 환경

라이브러리	langchain, streamlit, streamlit_chat, faiss-cpu
언어 모델	gpt-4
벡터 데이터베이스	파이스(FAISS)

실습을 진행하는 데 필요한 라이브러리를 설치합니다. faiss-cpu는 벡터 검색을 위한 인덱싱 및 검색 알고리즘이며, streamlit_chat은 챗봇 사용자 인터페이스를 생성하는 데 사용됩니다

```
!pip install streamlit-chat
!pip install streamlit
!pip install langchain
!pip install faiss-cpu
```

설치가 완료되면 다음과 같이 주석 처리를 해둡니다.

```
#!pip install streamlit-chat
#!pip install streamlit
#!pip install langchain
#!pip install faiss-cpu
```

설치한 라이브러리를 가져옵니다.

```
import streamlit as st
from streamlit_chat import message
from langchain.embeddings.openai import OpenAIEmbeddings
from langchain.chat_models import ChatOpenAI
from langchain.chains import ConversationalRetrievalChain
from langchain.vectorstores import FAISS
import tempfile
from langchain.document_loaders import PyPDFLoader

import os
os.environ["OPENAI_API_KEY"] = "sk-"   #openai 키 입력
uploaded_file = st.sidebar.file_uploader("upload", type="pdf")
```

PDF 파일이 업로드되면 파일을 가져와서(loader.load()) 임베딩 처리하고 파이스 (FAISS)에 저장합니다. 이후 사용자가 PDF 파일에 대해 질문하면 그것이 새로운 질문인 지, 혹은 과거 질문 이력이 있는지 확인하여 답변을 처리합니다.

```
#사용자에 의해 PDF 파일 업로드
if uploaded_file :
    with tempfile.NamedTemporaryFile(delete=False) as tmp_file:
        tmp_file.write(uploaded_file.getvalue())
        tmp_file_path = tmp_file.name

    loader = PyPDFLoader(tmp_file_path)
    data = loader.load()
```

```python
    embeddings = OpenAIEmbeddings()
    vectors = FAISS.from_documents(data, embeddings)

    #ConversationalRetrievalChain으로 대화형 챗봇 구성
    chain = ConversationalRetrievalChain.from_llm(llm = ChatOpenAI(temperat
ure=0.0,model_name='gpt-4'), retriever=vectors.as_retriever())

    #문맥 유지를 위해 과거 대화 이력을 추가(append)
    def conversational_chat(query):
        result = chain({"question": query, "chat_history": st.session_
state['history']})
        st.session_state['history'].append((query, result["answer"]))
        return result["answer"]
    #초기 질문과 답변에 대한 처리(PDF 파일이 업로드되면 보이는 화면 처리)
    if 'history' not in st.session_state:
        st.session_state['history'] = []

    if 'generated' not in st.session_state:
        st.session_state['generated'] = ["안녕하세요! " + uploaded_file.name
+ "에 관해 질문 주세요."]

    if 'past' not in st.session_state:
        st.session_state['past'] = ["안녕하세요!"]

    #챗봇 이력에 대한 컨테이너
    response_container = st.container()
    #사용자가 입력한 문장에 대한 컨테이너
    container = st.container()

    with container:
        with st.form(key='Conv_Question', clear_on_submit=True):
            user_input = st.text_input("Query:", placeholder="PDF 파일에 대
해 얘기해볼까요? (:", key='input')
            submit_button = st.form_submit_button(label='Send')
        #사용자가 질문을 입력하거나, [Send] 버튼을 눌렀을 때 처리
        if submit_button and user_input:
            output = conversational_chat(user_input)
```

```
            #사용자의 질문이나 LLM에 대한 결과를 계속 추가(append)
            st.session_state['past'].append(user_input)
            st.session_state['generated'].append(output)
    #LLM이 답변을 해야 하는 경우에 대한 처리
    if st.session_state['generated']:
        with response_container:
            for i in range(len(st.session_state['generated'])):
                message(st.session_state["past"][i], is_user=True,
key=str(i) + '_user', avatar_style = "fun-emoji", seed = "Nala")
                message(st.session_state["generated"][i], key=str(i),
avatar_style = "bottts", seed = "Fluffy")
```

코드를 실행시켜도 아무런 반응이 없습니다. 이제는 어떻게 진행해야 하는지 알죠? .py
확장자로 내려받은 파일을 conversation.py로 이름을 변경합니다. 이후 해당 파일을 'C:₩
Users₩jyseo₩anaconda3₩envs₩llm₩Scripts'로 이동시키고 cmd 창에서 다음의 명령어
를 실행시킵니다.

```
C:\Users\jyseo\anaconda3\envs\llm\Scripts>streamlit run conversation.py
```

웹에서 실행된 결과는 다음과 같습니다. 왼편에 파일을 업로드할 수 있는 **Browse files** 버
튼이 하나 보입니다. 이 버튼을 눌러서 파일을 업로드합니다.

▼ **그림 5-28** 웹 초기 화면

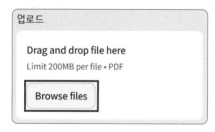

파일을 업로드하면 질문을 할 수 있는 대화창이 나타납니다.

▼ **그림 5-29** 대화창 생성

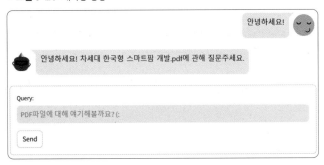

질문을 하나 해보면 PDF 문서의 내용에 기반한 답변을 줍니다. 물론 질문 역시 PDF 내용과 관련된 것이어야 합니다.

▼ **그림 5-30** 질문과 답변

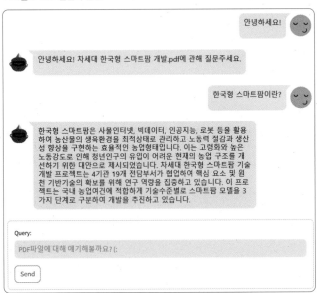

대화형 챗봇이라고 했으니 또 다른 질문을 해볼까요? 질문을 추가해도 앞의 대화가 사라지지 않고 추가 질문에 대한 답변을 줍니다.

▼ 그림 5-31 추가 답변

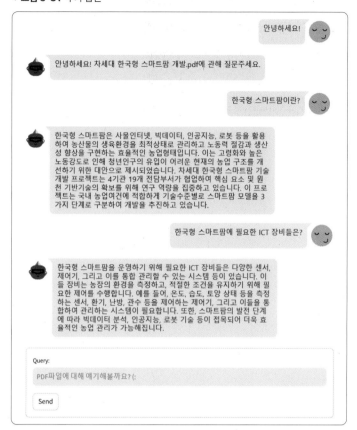

▼ 그림 5-31 추가 답변

그럴듯한 대화형 챗봇이 완성되었습니다. 가지고 있는 다른 PDF 파일로 더 많은 테스트를 해보세요.

5.6 번역 서비스 만들기
SECTION

이번 예제는 번역 서비스입니다. 단순히 영어를 한글로 번역하는 것이 아니라 주어진 텍스트를 몇 개의 언어로 번역할 수 있는 서비스를 만들어보겠습니다. 이를 위해 필요한 라이브러리 및 언어 모델은 다음과 같습니다.

▼ **표 5-6** 실습 환경

라이브러리	Langchain, openai, streamlit
언어 모델	gpt-4
임베딩 모델	–

다음과 같이 필요한 라이브러리를 설치합니다.

코드

```
!pip install langchain
!pip install streamlit
!pip install openai
```

설치를 마쳤다면 다음과 같이 주석 처리합니다.

코드

```
#!pip install langchain
#!pip install streamlit
#!pip install openai
```

이제 필요한 라이브러리를 호출합니다.

코드

```
import streamlit as st
from langchain.chat_models import ChatOpenAI
from langchain.prompts import PromptTemplate
from langchain.chains import LLMChain
from langchain.memory import ConversationBufferMemory
import os
os.environ["OPENAI_API_KEY"] = "sk-"  #openai 키 입력
```

프롬프트는 역시 PromptTemplate을 이용합니다. 이번 실습이 번역과 관련된 것으로 주어
진 문장을 번역해 달라는 내용으로 작성합니다.

코드

```python
#웹페이지에 보여질 내용
langs = ["Korean", "Japanese", "chinese", "English"]  #번역할 언어를 나열
left_co, cent_co,last_co = st.columns(3)

#웹페이지 왼쪽에 언어를 선택할 수 있는 라디오 버튼
with st.sidebar:
    language = st.radio('번역을 원하는 언어를 선택해주세요.:', langs)

st.markdown('### 언어 번역 서비스예요~')
prompt = st.text_input('번역을 원하는 텍스트를 입력하세요')  #사용자의 텍스트 입력

#프롬프트를 번역으로 지시
trans_template = PromptTemplate(
    input_variables=['trans'],
    template='Your task is to translate this text to ' + language + 'TEXT:
{trans}'
)

#momory는 텍스트 저장 용도
memory = ConversationBufferMemory(input_key='trans', memory_key='chat_
history')

llm = ChatOpenAI(temperature=0.0,model_name='gpt-4')
trans_chain = LLMChain(llm=llm, prompt=trans_template, verbose=True,
output_key='translate', memory=memory)

#프롬프트(trans_template)가 있으면 이를 처리하고 화면에 응답을 작성
if st.button("번역"):
    if prompt:
        response = trans_chain({'trans': prompt})
        st.info(response['translate'])
```

.py 확장자로 내려받아서 translate.py로 이름을 바꾸고, 파일을 'C:₩Users₩jyseo₩ anaconda3₩envs₩llm₩Scripts'로 이동시킵니다. cmd 창에서 다음 명령어를 실행합니다.

```
C:\Users\jyseo\anaconda3\envs\llm\Scripts>streamlit run translate.py
```

그러면 다음과 같은 초기 화면이 나타납니다.

▼ 그림 5-32 웹 초기 화면

번역을 원하는 언어를 선택해주세요.:	
◉ Korean	**언어 번역 서비스예요~**
○ Japanese	번역을 원하는 텍스트를 입력하세요
○ chinese	
○ English	[번역]

화면 왼쪽에서 번역을 원하는 언어를 선택합니다.

▼ 그림 5-33 영어 선택

번역을 원하는 언어를 선택해주세요.

○ Korean
○ Japanese
○ chinese
◉ English

그리고 번역할 문장을 입력한 후 **번역** 버튼을 클릭합니다.

▼ 그림 5-34 한글로 번역

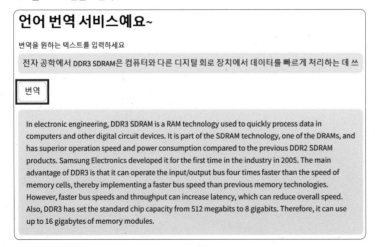

언어 번역 서비스예요~

번역을 원하는 텍스트를 입력하세요

전자 공학에서 DDR3 SDRAM은 컴퓨터와 다른 디지털 회로 장치에서 데이터를 빠르게 처리하는 데 쓰

[번역]

In electronic engineering, DDR3 SDRAM is a RAM technology used to quickly process data in computers and other digital circuit devices. It is part of the SDRAM technology, one of the DRAMs, and has superior operation speed and power consumption compared to the previous DDR2 SDRAM products. Samsung Electronics developed it for the first time in the industry in 2005. The main advantage of DDR3 is that it can operate the input/output bus four times faster than the speed of memory cells, thereby implementing a faster bus speed than previous memory technologies. However, faster bus speeds and throughput can increase latency, which can reduce overall speed. Also, DDR3 has set the standard chip capacity from 512 megabits to 8 gigabits. Therefore, it can use up to 16 gigabytes of memory modules.

이번에는 일본어로 번역해볼까요?

▼ **그림 5-35** 일본어 옵션 선택

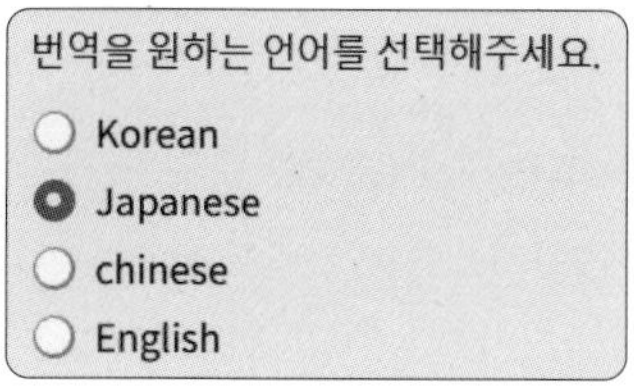

번역을 원하는 언어를 선택해주세요.
- ○ Korean
- ● Japanese
- ○ chinese
- ○ English

그러면 다음과 같이 일본어로 번역됩니다.

▼ **그림 5-36** 일본어 번역 화면

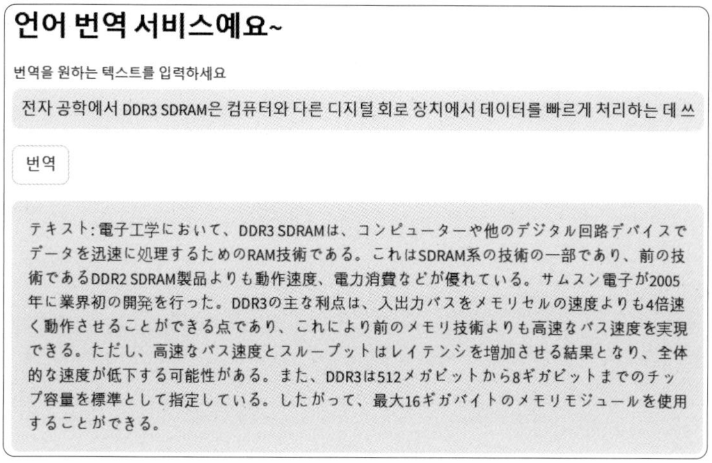

언어 번역 서비스예요~

번역을 원하는 텍스트를 입력하세요

전자 공학에서 DDR3 SDRAM은 컴퓨터와 다른 디지털 회로 장치에서 데이터를 빠르게 처리하는 데 쓰

번역

テキスト:電子工学において、DDR3 SDRAMは、コンピューターや他のデジタル回路デバイスで
データを迅速に処理するためのRAM技術である。これはSDRAM系の技術の一部であり、前の技
術であるDDR2 SDRAM製品よりも動作速度、電力消費などが優れている。サムスン電子が2005
年に業界初の開発を行った。DDR3の主な利点は、入出力バスをメモリセルの速度よりも4倍速
く動作させることができる点であり、これにより前のメモリ技術よりも高速なバス速度を実現
できる。ただし、高速なバス速度とスループットはレイテンシを増加させる結果となり、全体
的な速度が低下する可能性がある。また、DDR3は512メガビットから8ギガビットまでのチッ
プ容量を標準として指定している。したがって、最大16ギガバイトのメモリモジュールを使用
することができる。

이왕 시작한 김에 중국어까지 번역해볼까요?

▼ **그림 5-37** 중국어 선택

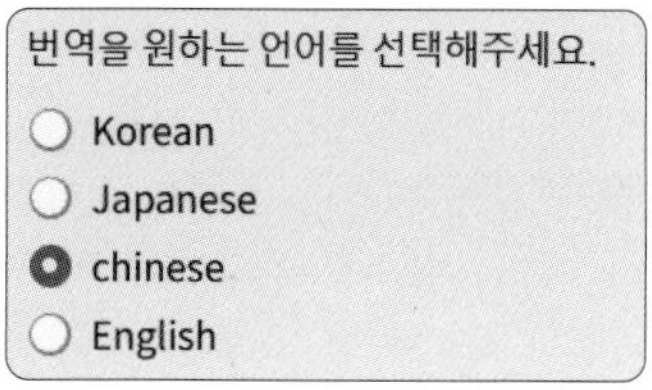

번역을 원하는 언어를 선택해주세요.
- ○ Korean
- ○ Japanese
- ● chinese
- ○ English

역시 다음과 같이 중국어로 번역이 되었네요. 제대로 번역된 건지 검증하고 싶다면 구글이나 파파고를 이용해서 다시 번역(중국어를 영어로)해보면 되겠죠?

▼ 그림 5-38 중국어 번역

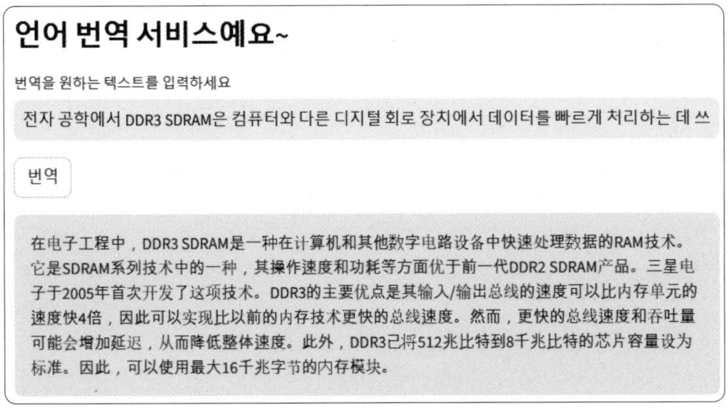

언어 번역 서비스예요~

번역을 원하는 텍스트를 입력하세요

전자 공학에서 DDR3 SDRAM은 컴퓨터와 다른 디지털 회로 장치에서 데이터를 빠르게 처리하는 데 쓰

번역

在电子工程中，DDR3 SDRAM是一种在计算机和其他数字电路设备中快速处理数据的RAM技术。它是SDRAM系列技术中的一种，其操作速度和功耗等方面优于前一代DDR2 SDRAM产品。三星电子于2005年首次开发了这项技术。DDR3的主要优点是其输入/输出总线的速度可以比内存单元的速度快4倍，因此可以实现比以前的内存技术更快的总线速度。然而，更快的总线速度和吞吐量可能会增加延迟，从而降低整体速度。此外，DDR3已将512兆比特到8千兆比特的芯片容量设为标准。因此，可以使用最大16千兆字节的内存模块。

다음은 메일을 자동으로 작성해주는 예제를 진행해보겠습니다.

5.7 SECTION 메일 작성기 만들기

이번에 진행해볼 예제는 메일을 작성해주는 애플리케이션입니다. 메일뿐만 아니라 원하는 어떤 것이든 텍스트 생성이 필요한 곳이라면 어디든 적용해볼 수 있습니다. 필요한 라이브러리 및 언어 모델은 다음과 같습니다.

▼ 표 5-7 실습 환경

라이브러리	langchain, streamlit, openai
언어 모델	gpt-4
임베딩 모델	-

역시 필요한 라이브러리를 설치합니다.

```
!pip install streamlit
!pip install langchain
!pip install openai
```

설치가 완료되었으면 다음과 같이 주석 처리해주세요.

```
#!pip install streamlit
#!pip install langchain
#!pip install openai
```

구현을 위해 openAI 키를 가져오는 것부터 시작합니다.

```
import streamlit as st
import os
os.environ["OPENAI_API_KEY"] = "sk-"  #openai 키 입력

st.set_page_config(page_title="이메일 작성 서비스예요~", page_icon=":robot:")
st.header("이메일 작성기")
```

어떤 내용으로 이메일을 작성할지 사용자로부터 정보를 받습니다.

```
def getEmail():
    input_text = st.text_area(label="메일 입력", label_visibility
='collapsed', placeholder="당신의 메일은...", key="input_text")
    return input_text

input_text = getEmail()
```

이메일 작성을 위한 템플릿(template)을 정의하겠습니다. 이 템플릿은 다음에 이어질 PromptTemplate에 사용될 예정입니다.

코드

```
#이메일 변환 작업을 위한 템플릿 정의
query_template = """
    메일을 작성해주세요.
    아래는 이메일입니다:
    이메일: {email}
"""
```

앞에서 정의해둔 템플릿을 사용하기 위해 PromptTemplate 인스턴스를 생성합니다.

코드

```
from langchain import PromptTemplate
#PromptTemplate 인스턴스 생성
prompt = PromptTemplate(
    input_variables=["email"],
    template=query_template,
)
```

gpt-4 LLM을 호출합니다.

코드

```
from langchain.chat_models import ChatOpenAI
#언어 모델을 호출합니다
def loadLanguageModel():
    llm = ChatOpenAI(temperature=0.0, model_name='gpt-4')
    return llm
```

이제 마지막으로 웹 화면에서 보여질 구성을 설정합니다.

```
#예시 이메일 표시
st.button("*예제를 보여주세요*", type='secondary', help="봇이 작성한 메일을 확인
해보세요.")
st.markdown("### 봇이 작성한 메일은:")

if input_text:
    llm = loadLanguageModel()
    #PromptTemplate 및 언어 모델을 사용하여 이메일 형식 지정
    prompt_with_email = prompt.format(email=input_text)
    formatted_email = llm.predict(prompt_with_email)
    #서식이 지정된 이메일 표시
    st.write(formatted_email)
```

코드를 실행시키면 역시 아무런 반응이 없습니다. .py 확장자로 내려받은 파일을 email.py로 이름을 바꿔줍니다. 이후 해당 파일을 'C:₩Users₩jyseo₩anaconda3₩envs₩llm₩Scripts'로 이동시키고 cmd 창에서 다음의 명령어를 실행시킵니다.

    C:\Users\jyseo\anaconda3\envs\llm\Scripts>**streamlit run email.py**

그러면 다음과 같은 초기 화면이 나타납니다.

▼ **그림 5-39** 이메일 작성기 초기 화면

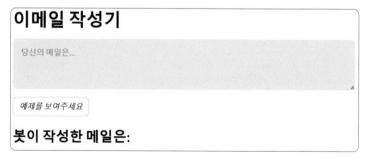

이 상태에서 다음과 같이 한 줄 정도의 메일 문구를 작성합니다. 예를 들어 다음과 같이 "동호회 모임 있어요"라고 입력하고 **예제를 보여주세요** 버튼을 클릭합니다.

▼ **그림 5-40** 메일 문구 작성

이메일 작성기

동호회 모임있어요

예제를 보여주세요

그러면 다음과 같은 예시 이메일을 보여줍니다.

▼ **그림 5-41** 메일 작성

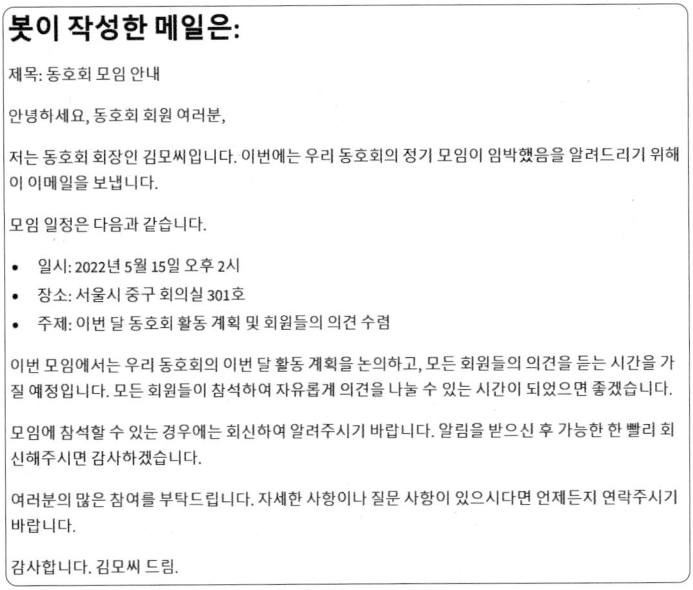

봇이 작성한 메일은:

제목: 동호회 모임 안내

안녕하세요, 동호회 회원 여러분,

저는 동호회 회장인 김모씨입니다. 이번에는 우리 동호회의 정기 모임이 임박했음을 알려드리기 위해 이 이메일을 보냅니다.

모임 일정은 다음과 같습니다.

- 일시: 2022년 5월 15일 오후 2시
- 장소: 서울시 중구 회의실 301호
- 주제: 이번 달 동호회 활동 계획 및 회원들의 의견 수렴

이번 모임에서는 우리 동호회의 이번 달 활동 계획을 논의하고, 모든 회원들의 의견을 듣는 시간을 가질 예정입니다. 모든 회원들이 참석하여 자유롭게 의견을 나눌 수 있는 시간이 되었으면 좋겠습니다.

모임에 참석할 수 있는 경우에는 회신하여 알려주시기 바랍니다. 알림을 받으신 후 가능한 한 빨리 회신해주시면 감사하겠습니다.

여러분의 많은 참여를 부탁드립니다. 자세한 사항이나 질문 사항이 있으시다면 언제든지 연락주시기 바랍니다.

감사합니다. 김모씨 드림.

이번에는 "내일 행사 관련해서 잠시 회의해요"라고 입력해볼까요?

▼ **그림 5-42** 또 다른 메일 입력

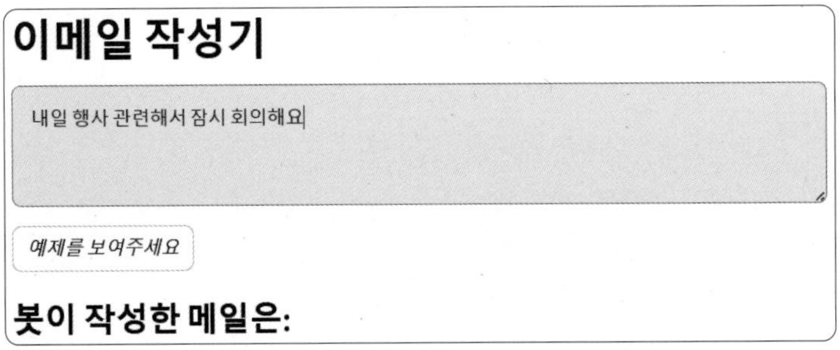

이메일 작성기

내일 행사 관련해서 잠시 회의해요

예제를 보여주세요

봇이 작성한 메일은:

그랬더니 다음과 같이 보여줍니다.

▼ 그림 5-43 메일 작성 내용

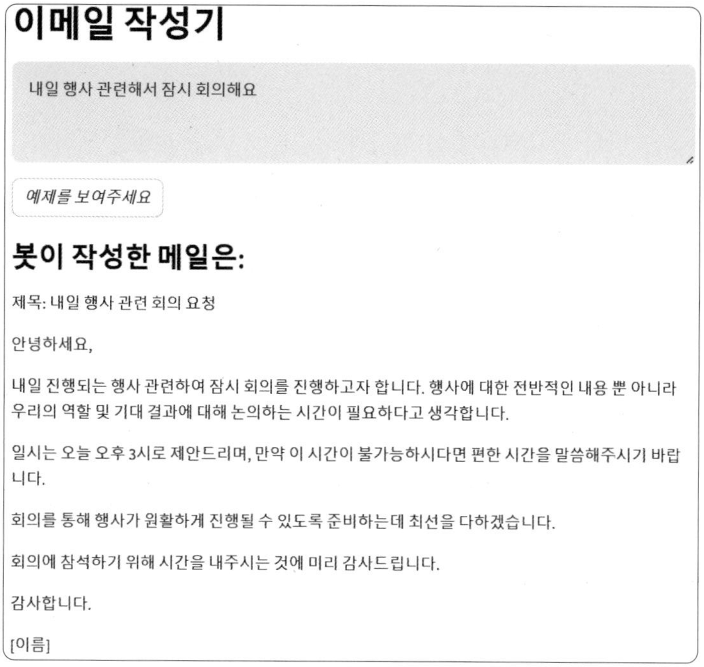

이메일 작성기

내일 행사 관련해서 잠시 회의해요

예제를 보여주세요

봇이 작성한 메일은:

제목: 내일 행사 관련 회의 요청

안녕하세요,

내일 진행되는 행사 관련하여 잠시 회의를 진행하고자 합니다. 행사에 대한 전반적인 내용 뿐 아니라 우리의 역할 및 기대 결과에 대해 논의하는 시간이 필요하다고 생각합니다.

일시는 오늘 오후 3시로 제안드리며, 만약 이 시간이 불가능하시다면 편한 시간을 말씀해주시기 바랍니다.

회의를 통해 행사가 원활하게 진행될 수 있도록 준비하는데 최선을 다하겠습니다.

회의에 참석하기 위해 시간을 내주시는 것에 미리 감사드립니다.

감사합니다.

[이름]

정확히 내가 원하는 문구가 아닐 수는 있습니다. 하지만 초안은 작성했으니 입맛에 맞게 수정만 하면 되겠죠?

마지막으로 CSV 파일을 분석하는 예제를 진행해보겠습니다.

5.8
SECTION / CSV 파일 분석하기

이번에는 좀 다른 예제를 진행해볼까요? 지금까지 예제가 PDF 파일에 기반한 문서 검색 이었다면 이번에는 엑셀(혹은 CSV) 파일에 기반한 분석을 해보려고 합니다. 실습을 위해 사용할 라이브러리 및 언어 모델은 다음과 같습니다.

라이브러리	langchain_experimental, openai
언어 모델	gpt-4o
임베딩 모델	–

다른 실습처럼 라이브러리를 먼저 설치하는 것이 아니라 아나콘다 가상 환경을 설치합니다. 랭체인에서 제공하는 판다스(pandas) 에이전트를 사용할 예정인데, 이것은 파이썬 3.9 버전 이상이어야 동작합니다. 이와 같이 파이썬, 오픈AI 버전에 따라 실행이 되기도 하고 안 되기도 하다 보니 컴퓨터에 아나콘다를 설치해서 사용하는 것이 좋습니다.

4.2.1에서 설명한 '가상 환경 생성'을 참고해서 다음과 같이 가상 환경을 하나 더 생성합니다.

```
> conda create -n llm2 python=3.9
> activate llm2
> pip install ipykernel
> python -m ipykernel install --user --name llm39 --display-name "llm39"
> jupyter notebook
```

주피터 노트북이 실행되면 **New** 메뉴에서 **llm39**를 선택합니다. 이제부터는 다른 실습과 같은 순서로 진행할 텐데요. 먼저 필요한 라이브러리를 설치합니다. 다음 코드는 한 줄씩 실행해주세요.

코드

```
!pip install langchain-experimental
!pip install tabulate
!pip install pandas
!pip install openai
```

langchain_experimental은 외부 데이터 소스(예: 판다스[1])를 사용할 때 필요합니다. 또한 tabulate 라이브러리는 파이썬에서 테이블 형태의 데이터를 깔끔하고 읽기 쉬운 텍스트 형식으로 출력하는 데 사용됩니다.

---

1 데이터 조작 작업을 간편하게 만들어 주는 라이브러리

이제 분석할 파일을 가져와야겠죠? 책에서 제공하는 파일(booksv_02.csv)을 사용해도 되고, 가지고 있는 파일을 사용해도 됩니다. 단, 파일은 다음과 같은 형식인 'CSV UTF-8(쉼표로 분리)'로 다시 저장해서 사용해야 합니다. 그렇지 않을 경우 오류가 나는 경우가 종종 있습니다.

▼ **그림 5-44** 파일 형식을 다르게 하여 다시 저장

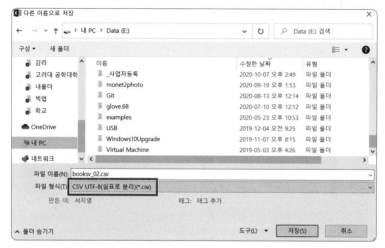

예제에 사용할 파일은 도서와 관련된 내용으로 구성되어 있습니다.

https://github.com/gilbutITbook/080413에서 내려받은 booksv_02.csv 파일을 'e:₩data' 폴더에 저장합니다. 그리고 파일 경로를 다음과 같이 지정합니다.

코드

```
#파이썬 언어로 작성된 데이터를 분석 및 조작하기 위한 라이브러리
import pandas as pd
#csv 파일을 데이터프레임으로 가져오기
df = pd.read_csv('e:/data/booksv_02.csv') #booksv_02.csv 파일이 있는 경로 지정
df.head()
```

df.head()를 보여 달라고 했기 때문에 출력 결과는 다음과 같습니다. 전체 파일 중 행 5개를 보여줍니다.

	title	subtitle	authors	categories	thumbnail	description	published_year	average_rating	num_pages	ratings_count
0	Gilead	NaN	Marilynne Robinson	Fiction	http://books.google.com/books/content? id=KQZCP...	A NOVEL THAT READERS and critics have been eag...	2004	3.85	247	361
1	Spider's Web	A Novel	Charles Osborne;Agatha Christie	Detective and mystery stories	http://books.google.com/books/content? id=gA5GP...	A new 'Christie for Christmas' -- a full-lengt...	2000	3.83	241	5164
2	The One Tree	NaN	Stephen R. Donaldson	American fiction	http://books.google.com/books/content? id=OmQaw...	Volume Two of Stephen Donaldson's acclaimed se...	1982	3.97	479	172
3	Rage of angels	NaN	Sidney Sheldon	Fiction	http://books.google.com/books/content? id=FKo2T...	A memorable, mesmerizing heroine Jennifer -- b...	1993	3.93	512	29532
4	The Four Loves	NaN	Clive Staples Lewis	Christian life	http://books.google.com/books/content? id=XhQ5X...	Lewis' work on the nature of love divides love...	2002	4.15	170	33684

LLM에 CSV 파일의 내용을 전달합니다. LLM은 gpt-3.5-turbo 모델을 사용합니다.

코드

```
from langchain_experimental.agents.agent_toolkits import create_pandas_
dataframe_agent
from langchain.chat_models import ChatOpenAI
from langchain.agents.agent_types import AgentType
import os
os.environ["OPENAI_API_KEY"] = "sk-"  #openai 키 입력


#에이전트 생성
agent = create_pandas_dataframe_agent(
    ChatOpenAI(temperature=0, model=gpt-4o),  #gpt-4o 사용
    df,              #데이터가 담긴 곳
    verbose=False,   #추론 과정을 출력하지 않음
    agent_type=AgentType.OPENAI_FUNCTIONS,
    allow_dangerous_code=True,
)
```

이제 실행해 볼까요? 앞에서는 따로 파일로 저장해 스트림릿으로 실행했지만, 이번 예제에서는 스트림릿을 사용하지 않습니다. 집필 당시(2023년 12월) streamlit과 agent 버전이 충돌했기 때문입니다. agent를 사용하기 위해서는 파이썬 버전이 3.9 이상이어야 하지만 streamlit은 파이썬 3.9에서 잘 동작하지 않았습니다. 따라서 현재는 주피터 노트북에서 실행해보겠습니다.

CSV 파일에서 어떤 책의 ratings_count가 제일 높은지 질문을 해봅니다.

코드

```
agent.run('어떤 제품의 ratings_count가 제일 높아?')
```

그러면 『One Hundred Years of Solitude』 책이라고 답변을 줍니다.

실행 결과

```
''One Hundred Years of Solitude`라는 책이 가장 높은 ratings_count를 가지고 있
습니다. 이 책의 ratings_count는 547,207입니다. \n\n- **Title**: One Hundred
Years of Solitude\n- **Authors**: Gabriel Garcia Marquez\n- **Categories**:
Fiction\n- **Published Year**: 2003\n- **Average Rating**: 4.06\n- **Number
of Pages**: 417'
```

가장 최근에 출간된 책이 무엇인지 추가 질문을 해볼까요?

코드

```
agent.run('가장 최근에 출간된 책은?')
```

역시 답변을 주네요.

실행 결과

```
"가장 최근에 출간된 책들은 모두 2007년에 출간되었습니다. 그 중 일부는 다음과 같습
니다:\n\n1. **The Yiddish Policemen's Union** by Michael Chabon\n2. **The
Kindness of Strangers** by Katrina Kittle\n3. **The Dead Beat** by Marilyn
Johnson\n4. **A False Mirror** by Charles Todd\n5. **For a Few Demons
More** by Kim Harrison\n\n이 외에도 2007년에 출간된 책들이 더 있습니다."
```

답변이 정확한지에 대한 검증은 역시 질문자라는 것을 이제는 말 안 해도 알겠죠? 따라서
챗봇 서비스를 오픈했다면 LLM이 정확한 답변을 하는지 주기적으로 모니터링을 해주어
야 합니다.

지금까지 랭체인, 스트림릿, LLM으로 여러 예제를 알아봤는데요. 가능하면 코드가 길지 않으면서도 자주 사용될 만한 서비스 위주로 알아봤습니다. 따라서 코드를 모르는 누구든지 단순히 제공된 코드를 복사해서 사용해 볼 수 있습니다.

마지막 장에서는 LLM을 활용한 실제 사례를 몇 가지 알아보려고 합니다. LLM이 사람들의 관심을 받는 만큼 서비스로 많이 활용되고 있는지 알아봅시다.

LLM을 이용한 서비스 알아보기

마지막으로 LLM을 활용한 서비스를 몇 가지 살펴보겠습니다. LLM이 실제로 어떤 서비스에 활용되고 있는지 알아봅시다.

6.1 / 콜센터
SECTION

RAG 모델은 자연어 이해와 텍스트 생성을 동시에 진행할 수 있으므로 자연스러운 대화 및 자동화된 응답이 가능합니다. 이러한 특징을 이용하여 많은 기업에서 콜센터 상담원을 LLM으로 대체하거나 그들을 돕는 도구로 활용합니다.

일반적으로 기업에서 많이 사용하는 것은 '스크립트 생성'입니다. 예를 들어 A라는 화장품 회사에서 2024년에 에센스의 품질과 용기를 리뉴얼했다고 가정해봅시다. 콜센터 상담원들은 에센스가 어떻게 바뀌었는지 적절한 지식이 있어야 고객의 질문에 응대할 수 있습니다. 기업 입장에서는 기존 상담원에게 바뀐 에센스에 대해 추가로 교육을 시켜야 하고, 새로 입사한 신규 상담원에게 이전 버전과 바뀐 버전의 에센스를 함께 교육시켜야 하므로 비용적, 시간적 부담이 더욱 증대될 수 있습니다. 이때 사용할 수 있는 방법이 LLM을 이용해서 스크립트를 생성하는 것입니다.

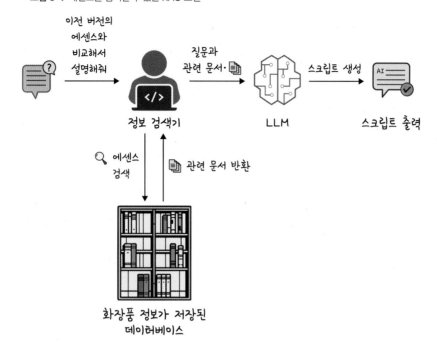

▼ **그림 6-1** 에센스를 검색할 수 있는 RAG 모델

가령 A회사의 에센스에는 인삼 추출액을 첨가했으며, 용기는 이전에 비해 커졌다고 합시다. 물론 이러한 정보는 RAG 모델로 검색이 가능하죠. LLM에게 이전과 현재의 에센스가 어떤 차이가 있는지 스크립트를 작성해달라고 요청하면 다음과 같은 답변을 줄 것입니다.

(다음 스크립트는 예시입니다. 실제 기업에서 사용하는 것은 좀 더 자세한 내용이 포함되어 있겠죠? 기업 내부에서 사용하는 서비스이므로 책에서는 LLM의 답변을 똑같이 다루지 않습니다.)

[스크립트 시작]

안녕하세요! [화장품 브랜드]의 최신 제품을 소개해 드립니다. 2024년에는 저희 제품 라인이 완전히 업그레이드되었고, 이전 버전과의 놀라운 차이점이 있습니다. 이제 그 차이점을 자세히 알려드리겠습니다.

차이점 1: 품질 향상과 인삼 추출액 추가
가장 먼저, 2023년 리뉴얼 버전은 품질 측면에서 크게 향상되었습니다. 우리는 이제 [에센스 제품명]에 인삼 추출액을 추가하여 피부에 더 많은 영양을 공급합니다. 인삼은 피부 탄력을 높이고 수분을 공급하여 더 건강하고 화사한 피부를 위해 필요한 영양을 제공합니다.

차이점 2: 용기 크기 증가

또한, 용기 역시 크게 업그레이드되었습니다. 2023년 리뉴얼된 [에센스 제품명]은 더 큰 용기에 담겨 있어, 더 많은 양의 에센스를 사용자에게 제공합니다. 이것은 사용자들이 더 오랫동안 제품을 사용하고, 피부 관리 효과를 오랫동안 유지할 수 있도록 도와줍니다.

차이점 3: 피부 관리의 혁신

이전 버전과 비교하여, 2023년 버전은 피부 관리에 혁신을 가져왔습니다. 인삼 추출액의 추가는 피부를 진정시키고 활력을 부여합니다. 크게 커진 용기는 더 효과적인 피부 관리를 가능하게 합니다.

[스크립트 종료]

이렇게 업그레이드된 [에센스 제품명]은 품질 향상과 더 큰 용기 크기로 사용자들에게 더 많은 혜택을 제공합니다. 여러분의 피부에 미치는 긍정적인 영향을 경험해보세요. 어떤 질문이나 추가 정보가 필요하신가요?

혹은 콜센터 상담 업무를 모두 LLM으로 대체할 수도 있습니다. 상담원의 경우, 감정 노동에 따른 회사에 대한 낮은 충성도, 심리 상담 지원 등 회사가 부담해야 할 비용이 높습니다. 그래서 상담 업무를 LLM으로 대체함으로써 비용을 절약할 수 있습니다.

> **참고**
>
> 챗GPT로 상담 업무를 도와주는 솔루션을 가지고 있는 기업으로는 센트리컬(Centrical)과 AICC가 있습니다. 다음 URL의 솔루션 설명을 참고해주세요.
>
> - https://centrical.com/resources/chat-gpt-call-center
> - https://www.ai.cc
>
> 다음 URL에서는 해당 기업의 솔루션을 도입한 고객(ORKIM, Teleperformance, SwissLife 등)과 간단한 데모를 볼 수 있습니다.
>
> - https://centrical.com/watch-demo

6.2 / 상품 추천
SECTION

유튜브를 보기 시작하면 시간 가는 줄 모르고 계속 보게 되는데, 그건 바로 추천 서비스 때문입니다. 내가 보고 있는 혹은 과거에 봤던 콘텐츠를 기반으로 유사한 콘텐츠를 계속 추천해주면 자신도 모르게 손이 먼저 클릭하게 됩니다.

하지만 이러한 추천 서비스는 LLM을 기반으로 하지는 않습니다. 단순히 콘텐츠 간의 유사도를 이용해서 사용자별 맞춤형 콘텐츠(혹은 상품)를 추천해줍니다.

▼ **그림 6-3** 추천 서비스

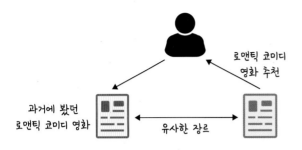

그러나 최근에는 단순 추천 서비스가 아닌 LLM을 이용한 챗봇 형태로 확장되는 추세입니다. 온라인 중고 마켓 메르카리(Mercari)는 상품 추천을 해주는 '메르챗(Merchat) AI'를 출시했습니다. 메르챗 AI에서 "요즘 유행하는 청바지 스타일은?"이라고 물어보면, 메르챗 AI가 몇 가지 상품을 추천해줍니다.

메르챗 AI는 어떤 근거로 유행하는 청바지를 추천해주는 걸까요? 바로 정보 검색입니다. 시맨틱 검색을 하면 문맥을 이해하고 검색 결과를 반환해준다고 설명했던 것 기억하죠? 검색 시스템은 '유행하는 청바지'를 추천하기 위해 '가장 많이 팔린 청바지'를 검색해서 결과로 반환하는 것입니다.

▼ **그림 6-4** LLM을 이용한 청바지 추천

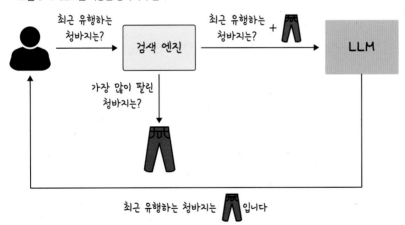

이때 검색 결과에는 당연히 이미지도 포함되어 있습니다. LLM을 거쳐서 나온 답변에는 청바지 이미지와 그에 대한 설명이 포함되어 있을 것입니다.

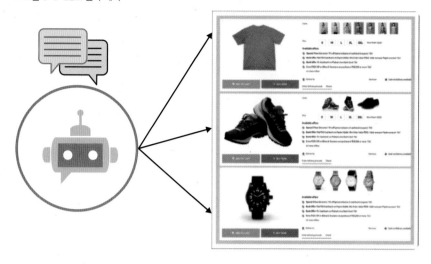

LLM을 이용한 챗봇 서비스는 국내에도 있습니다. 예를 들어 신세계라이브쇼핑 서비스에서는 챗GPT를 기반으로 고객에게 상품을 추천해주거나, 상품 문의 내용을 분석해 고객에게 최적화된 정보를 제공하고 있습니다.

6.3 SECTION / 보험 언더라이팅

보험 언더라이팅(insurance underwriting)이란, 보험 회사가 사용자의 보험 가입 신청서를 검토하고 보험 계약을 체결할 때 어떤 조건과 가격을 제공해야 하는지 결정하는 과정을 의미합니다. 보험 회사가 감수해야 할 리스크를 정확하게 평가하고 관리하기 위해 반드시 필요한 과정이죠.

언더라이팅 과정을 진행하는 사람을 언더라이터(underwriter)라고 하는데, 이들은 사용자의 보험료과 가입 조건을 결정해 계약의 승낙/거절 여부를 판단합니다. 이 과정은 사용자의 성별, 과거 병력 등을 고려해야 하기 때문에 과정이 복잡하고 상당한 시간이 소요됩니다.

▼ **그림 6-6** 언더라이터

최근 이 과정을 인공지능으로 대체하려는 분위기가 조성된 가운데, 국내에서는 교보생명이 자연어 처리를 기반으로 하는 모델을 개발했습니다. 고객이 입력창에 텍스트를 입력하면 심사용 AI 모델이 내용을 확인하고 승인 여부를 판단합니다. 단순히 고객의 입력 내용만으로 가입 여부를 판단하는 것이 아니라 사전 심사 결과, 질병 여부, 최근 3년 내 보험금 지급 내역 같은 정보도 함께 참조하여 판단을 내립니다. 이러한 데이터는 물론 정보 검색을 통해 얻겠죠?

▼ **그림 6-7** AI 언더라이팅

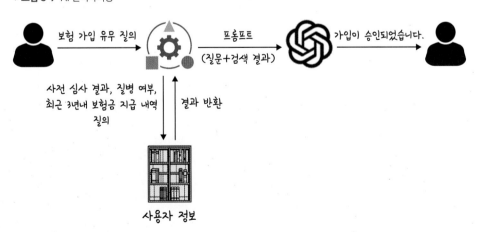

AI에 의해 대체된 언더라이팅 과정으로 기업은 인건비를 절감할 수 있습니다. 하지만 언더라이터 입장에서는 갑자기 일자리를 잃게 되는 상황일 수 있겠죠. 기업은 언더라이터들이 다른 일자리를 찾을 수 있도록 교육과 같은 지원을 아끼지 말아야 합니다.

코드 생성 및 리뷰

개발자의 주요 업무인 코딩 작업도 LLM이 대체할 수 있습니다. 이미 많은 기업에서 LLM의 코드 생성 및 리뷰 서비스를 업무에 도입해서 사용하고 있습니다.

LLM이 얼마나 코드를 잘 생성해주는지 먼저 확인해 볼까요? 다음 질문을 해보겠습니다.

"파이토치로 이미지를 분류하는 모델을 만들어줘"

그러면 다음과 같은 코드를 작성해줍니다.

코드

```python
#필요한 라이브러리 설치
import torch
import torch.nn as nn
import torch.optim as optim
import torchvision.transforms as transforms
from torchvision.datasets import MNIST
from torch.utils.data import DataLoader

#데이터셋 다운로드 및 전처리
transform = transforms.Compose([transforms.ToTensor(), transforms.
Normalize((0.5,), (0.5,))])
train_dataset = MNIST(root="./data", train=True, transform=transform,
download=True)
test_dataset = MNIST(root="./data", train=False, transform=transform)
batch_size = 64
```

```python
train_loader = DataLoader(dataset=train_dataset, batch_size=batch_size,
shuffle=True)
test_loader = DataLoader(dataset=test_dataset, batch_size=batch_size,
shuffle=False)

#모델 정의
class CNN(nn.Module):
    def __init__(self):
        super(CNN, self).__init__()
        self.conv1 = nn.Conv2d(1, 32, kernel_size=3, stride=1, padding=1)
        self.conv2 = nn.Conv2d(32, 64, kernel_size=3, stride=1, padding=1)
        self.pool = nn.MaxPool2d(kernel_size=2, stride=2)
        self.fc1 = nn.Linear(64 * 7 * 7, 128)
        self.fc2 = nn.Linear(128, 10)

    def forward(self, x):
        x = self.pool(torch.relu(self.conv1(x)))
        x = self.pool(torch.relu(self.conv2(x)))
        x = x.view(-1, 64 * 7 * 7)
        x = torch.relu(self.fc1(x))
        x = self.fc2(x)
        return x
model = CNN()

#모델 초기화
criterion = nn.CrossEntropyLoss()
optimizer = optim.Adam(model.parameters(), lr=0.001)

#학습 진행
num_epochs = 5
for epoch in range(num_epochs):
    for i, (images, labels) in enumerate(train_loader):
        optimizer.zero_grad()
        outputs = model(images)
        loss = criterion(outputs, labels)
        loss.backward()
        optimizer.step()
```

```
        if (i+1) % 100 == 0:
            print(f'Epoch [{epoch+1}/{num_epochs}], Step [{i+1}/{len(train_
loader)}], Loss: {loss.item():.4f}')
print('학습 완료!')

#모델의 성능 평가
model.eval()
correct = 0
total = 0

with torch.no_grad():
    for images, labels in test_loader:
        outputs = model(images)
        _, predicted = torch.max(outputs.data, 1)
        total += labels.size(0)
        correct += (predicted == labels).sum().item()

print(f'테스트 데이터셋에서의 정확도: {100 * correct / total}%')
```

코드 퀄리티를 떠나서 일단은 LLM이 알려준 코드가 정상적으로 동작하는지만 확인해봅시다. 코드는 구글 코랩에서 실행하면 됩니다.

실행 결과

```
--중간 생략--
Epoch [1/5], Step [100/938], Loss: 0.2922
Epoch [1/5], Step [200/938], Loss: 0.4608
Epoch [1/5], Step [300/938], Loss: 0.0348
--중간 생략--
Epoch [5/5], Step [700/938], Loss: 0.0350
Epoch [5/5], Step [800/938], Loss: 0.0008
Epoch [5/5], Step [900/938], Loss: 0.0108
학습 완료!
테스트 데이터셋에서의 정확도: 99.02%
```

오류 없이 코드가 잘 실행됩니다. 이 정도면 당연히 다음과 같은 질문을 해볼 수 있겠네요.

"LLM은 개발자를 대체할 수 있을까?"

물론 대체할 수 있을 것입니다. 그 시점이 지금 당장은 아닐 뿐이죠. 현재는 개발자들이 개발을 위한 도우미 정도로 사용할 수 있지만, 머지않은 시기에 개발자들을 대체할 수도 있을 것입니다.

6.5 문장 생성, M365 코파일럿

최근 마이크로소프트가 강력하게 마케팅을 펼치고 있는 것이 M365 코파일럿입니다. M365 코파일럿은 일반적으로 알고 있는 오피스 제품에 LLM이 내장되어 문장을 생성하는 데 특화된 기능입니다. 마이크로소프트의 발표에 의하면 LLM은 GPT-4를 기반으로 만들어졌다고 합니다.

▼ 그림 6-8 M365 코파일럿

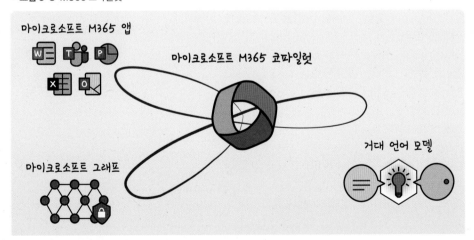

즉, GPT-4를 포함하여 M365 코파일럿은 크게 3가지로 구성되어 있습니다.

- 오피스가 포함된 M365 제품

- 마이크로소프트 그래프

- 거대 언어 모델

거대 언어 모델은 GPT-4를 의미하며, 마이크로소프트 그래프는 일종의 검색 엔진입니다. 즉, 마이크로소프트 그래프는 내(우리)가 그동안 사용했던 문서들을 검색(참조)해서 사용자 질의에 적절한 텍스트를 생성합니다. 그렇기 때문에 마이크로소프트 그래프가 참조할 수 있는 문서들이 많으면 많을수록 텍스트가 더 풍성하게 생성됩니다.

앞에서 배웠던 정보 검색, 텍스트 생성과 매핑시켜서 M365 코파일럿을 설명하면 다음과 같습니다.

▼ 그림 6-9 코파일럿과 LLM

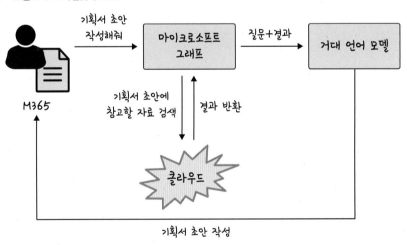

그럼 코파일럿을 사용하면 어떻게 되는지 예를 하나 살펴보겠습니다. 간단히 워드 문서를 파워 포인트로 변환하는 예입니다.

먼저 파워포인트 코파일럿에 "Document1.docx를 파워포인트로 변환해줘"라고 요청합니다.

▼ **그림 6-10** Document1.docx를 파워포인트로 변환 요청

그러면 초안을 작성하는 과정을 보여줍니다.

▼ **그림 6-11** 초안 작성 과정

마지막으로 작성된 초안을 보여줍니다.

▼ **그림 6-12** 변환된 초안

각 슬라이드에는 '발표자 노트'도 자동으로 생성해줍니다.

▼ 그림 6-13 발표자 노트

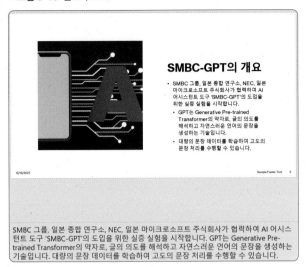

현재는 영어만 지원하고, 기능도 100% 완벽하지 않기 때문에 사용에 제약이 있지만 마이크로소프트가 홍보하는 것과 같은 수준의 기능을 제공한다면 업무 방식에 큰 혁신을 가져올 것입니다. 문서 생성에 오랜 시간을 투자하지 않아도 그럴싸한 초안이 작성되고, 사람이 약간 수정만 하면 완벽한 기획서를 작성할 수 있겠죠.

그러면 업무에 쓰는 시간은 줄이고 남는 시간에 더 발전된 일을 하거나 하고 싶은 일에 시간을 쓸 수 있습니다. 여유롭게 일하는 것은 물론이고 개인의 삶과 업무에 대한 밸런스를 조율할 수 있는 세상이 오는 데 도움을 줄 것입니다.

부록

코랩 사용법

A.1 코랩 사용 방법

'코랩(Colab)'은 Google Colaboratory의 줄임말로, 웹 브라우저에서 직접 파이썬 코드를 작성하고 실행할 수 있는 무료 클라우드 서비스입니다. 따라서 부담 없이 다음 과정을 따라해보세요.

1. 코랩 시작 페이지에 접속합니다. 그러면 다음과 같이 환영 메시지가 나타납니다.

   - https://colab.research.google.com/?hl=ko

▼ 그림 A-1 코랩 시작 페이지

2. 시작 페이지 우측 상단에 있는 **로그인** 버튼을 클릭하여 사용하고자 하는 계정으로 로그인합니다.

▼ **그림 A-2** 로그인 버튼 클릭

3. 로그인을 마쳤다면 메뉴에서 **파일 > 새 노트**를 클릭합니다.

▼ **그림 A-3** 파일 > 새 노트

4. 새 노트가 열리면서 주피터 노트북 환경이 나타납니다.

▼ **그림 A-4** 주피터 노트북 환경

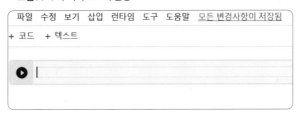

A.2

SECTION

코랩에 파일 업로드하기

구글에 파일 업로드하는 방법을 알아보기 위해 이 책의 깃허브 리포지터리인 다음 URL에서 파일을 먼저 내려받으면 됩니다. 해당 URL에는 교재에서 사용할 데이터와 코드들이 포함되어 있습니다.

- https://github.com/gilbutITbook/080413

1. 구글 드라이브에 업로드해볼 파일은 『톰 소여의 모험』으로 'The_Adventures_of_Tom_Sawyer.pdf' 파일입니다. 코랩에 접속한 후 왼쪽 메뉴 중 **폴더 아이콘**을 클릭합니다.

▼ **그림 A-5** 폴더 아이콘 선택

2. 다음과 같은 화면이 나타나는데 상단 메뉴 중 **드라이브 마운트**를 클릭합니다.

▼ **그림 A-6** 구글 드라이브 마운트

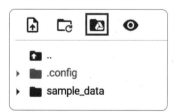

3. 그러면 코드가 하나 생성되는데, 실행 버튼(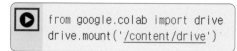)을 클릭하여 코드를 실행합니다.

▼ **그림 A-7** 생성된 코드 실행

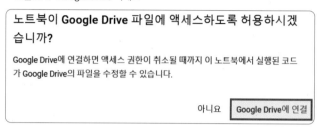

```
from google.colab import drive
drive.mount('/content/drive')
```

4. 이후 구글 드라이브에 액세스를 허용할지 물어보는 화면이 나타나면 **Google Drive에 연결**을 클릭합니다.

▼ **그림 A-8** Google drive 액세스

> **노트북이 Google Drive 파일에 액세스하도록 허용하시겠습니까?**
>
> Google Drive에 연결하면 액세스 권한이 취소될 때까지 이 노트북에서 실행된 코드가 Google Drive의 파일을 수정할 수 있습니다.
>
> 아니요   [Google Drive에 연결]

5. 계정 선택 화면이 나타나면 사용하던 계정을 선택합니다. 이후 'Google Drive for desktop에서 내 Google 계정에 액세스하려고 합니다' 화면으로 바뀌면 **허용**을 클릭하고 나서 **3**번의 코드는 삭제합니다.

6. Google Drive 마운트가 완료되면 다음과 같이 메뉴에 drive라는 폴더가 하나 생깁니다.

▼ **그림 A-9** drive 폴더

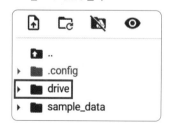

7. 상단 메뉴 중 **세션 저장소에 업로드**를 클릭한 후 The_Adventures_of_Tom_Sawyer.pdf 파일을 업로드합니다.

▼ **그림 A-10** 세션 저장소에 업로드 클릭

8. 그러면 다음과 같이 '해당 파일은 임시적으로 저장된다'는 경고가 나타나는데, 나중에 파일의 위치를 바꿀 것이기 때문에 **확인**을 클릭합니다.

▼ **그림 A-11** 파일 삭제와 관련된 경고 문구

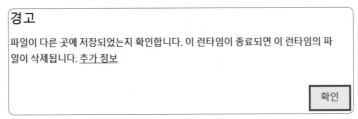

9. 방금 업로드한 PDF 파일이 보입니다. 이 파일을 drive 하위의 MyDrive 폴더로 이동시킵니다. 단순히 드래그&드롭으로 이동이 가능합니다.

▼ **그림 A-12** MyDrive 폴더로 이동

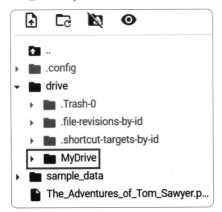

10. PDF 파일 위치가 다음과 같이 변경되었습니다.

▼ **그림 A-13** 파일 위치 변경

11. PDF 파일 위에 마우스를 올려놓으면 다음과 같이 ⋮ 아이콘이 생깁니다. 해당 아이콘을 클릭합니다.

▼ **그림 A-14** 아이콘에 마우스 이동

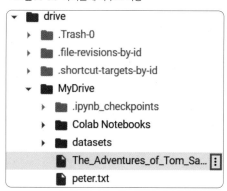

12. 그러면 다음과 같은 메뉴가 생기는데, **경로 복사**를 클릭합니다.

▼ **그림 A-15** 경로 복사 클릭

복사해둔 경로는 메모장에 복사해두고 추후 코드에서 사용하세요.